I0499933

Il coperto dei Figini
La Rinascente del Medioevo

Elaborato di Ambrogio Figini
integrato dai contributi dei suoi colleghi di studi

A cura di E. Cafulli, M. Giannetti, F. Gorelli, M. Spelta

Prefazione di Luca Figini

1

Prefazione

Quante volte un padre dona la vita al proprio figlio?
Può sembrare una domanda stupida a cui rispondere con un semplice "una volta".

Eppure a ben guardare un padre non limita il suo contributo al semplice concepimento, perché un figlio non è solo un'estensione biologica, ma una persona a tutti gli effetti che si forma in base certamente ai propri gusti, ma anche all'educazione che le viene fornita. Questa è la vita che un padre dà più e più volte al proprio figlio.

Questa è la riflessione che nasce nel mio cuore quando mi trovo tra le mani questa tesi, ora diventata un libro, che mio padre ha scritto alla fine del suo percorso universitario nel 2015, all'età di 65 anni.

Vedere mio padre andare in università, studiare, sostenere esami e colloqui con i docenti, condurre ricerche e scrivere queste pagine, per me, già insegnante di Lettere alla scuola media, è stato un ulteriore dono educativo che ha cambiato prospettiva alla mia vita.

Studiare a vent'anni non sempre è frutto di passione e lo si fa a volte con poco gusto, svolgendo un dovere a cui non si crede del tutto. Questa è stata un po' la mia università: alcuni esami svolti con impegno e passione e tanti altri svolti con pigrizia e fatica. Un periodo che non mi ha lasciato pienamente soddisfatto, a differenza del successivo legato all'insegnamento. Questa consapevolezza non è arrivata subito, ma solo quando mio padre, dopo il suo infarto, ha deciso di ritornare a vivere entrando nello studio accademico.

Dopo i consigli su come iniziare mi sono ritirato lasciando che se la sbrigasse da solo, in fondo ne aveva l'età. Così ho spiato il suo studio e i suoi progressi con discreta curiosità.

L'ho visto impegnarsi con dedizione di fronte alle ardue pagine di molti libri; l'ho sentito alzarsi molto presto per frequentare le lezioni del mattino che io spesso sdegnavo; ho discusso con lui di argomenti storici che conoscevo ma che il mio lavoro non mi permetteva di trattare, e soprattutto ho percepito in lui una grande e sincera emozione per ogni materia trattata o corso frequentato.

Confesso che nel mio cuore un po' di invidia per tutto questo entusiasmo è nata, ma subito si è cambiata in ammirazione per come papà ha saputo rialzarsi da una caduta come l'infarto e affrontare lo studio con un vigore che io non avrei saputo dare.

Ricordo ancora con emozione il giorno della discussione di questo tesi sul Coperto dei Figini. L'attesa fuori dall'aula, la tensione sul volto di papà, tutti i parenti e gli amici curiosi e un po' preoccupati. Ciò che mi resta più nel cuore è però il tumulto del mio animo.

Dentro di me rivivevo la mia discussione di laurea, la mia storia universitaria e ricordavo di aver avuto accanto quel padre a confortarmi, un padre che allora non capiva fino in fondo le mie fatiche, le mie angosce o le mie gioie ma che non ha mai smesso di sostenermi.

Ora ero io che prendevo il suo posto, che gli stavo accanto e lo aiutavo a superare la tensione di quegli attimi prima dell'ingresso davanti alla commissione, a differenza di lui, però, io ero ben consapevole di tutte le emozioni che si trovano nel cuore di un laureando.

C'è una foto di quel giorno che descrive in modo significativo questo stato d'animo. Papà è in primo piano, in piedi, serio davanti alla commissione, io sono distante, in secondo piano, lo guardo con amore e orgoglio. In quel momento mi è sembrato di dare a lui qualcosa, quasi di restituire quell'affetto che per anni lui mi aveva dato in modo così incondizionato. Sembrava, perché anche quel giorno papà ha continuato a darmi la vita insegnandomi l'emozione che un padre ha di fronte ai successi di un figlio. Un insegnamento che tengo caro ogni volta che entro in una classe e aiuto i miei alunni a diventare più consapevoli.

Dopo la laurea papà non si è fermato e oltre a seguire il corso magistrale con il solito impegno è entrato nella mia scuola come volontario, dando la sua esperienza e i suoi studi ai ragazzi in difficoltà. In particolare c'è stato il rapporto con un ragazzo cinese che parlava poco o nulla italiano. Per due ore alla settimana lo ha seguito cercando di dargli delle nozioni basi di lingua e preparandolo per l'esame. Mentre passavo da una classe all'altra i miei occhi si fermavano su papà e il suo allievo: era bello veder dare ad altri quel dono educativo che aveva condiviso prima con me.

Il percorso accademico di papà si è però interrotto. Una grave malattia lo ha bloccato poco prima della fine del corso magistrale. L'ultimo anno e mezzo della sua vita è stata una lotta dolorosa per superare l'insuperabile.

Adesso non c'è più. Il suo carattere buono e la sua capacità di creare legami hanno portato i suoi colleghi e amici del corso di Storia a realizzare questo libro partendo dalla sua tesi. Come figlio voglio e devo ringraziare queste persone che hanno dedicato molto del loro tempo per rendere possibile questa pubblicazione, in modo che di Ambrogio e dei suoi studi rimanesse una traccia.

Luca Figini

Premessa

Questa pubblicazione, per i tipi di Italia Medievale è stata fortemente voluta dagli amici e colleghi di studi di Ambrogio Figini, con l'obiettivo di lasciarne un ricordo materiale: una pubblicazione che gli appassionati di storia lombarda e milanese potranno leggere, immergendosi nella magica e nello stesso tempo austera atmosfera della Milano Tardo medievale e Signorile, una Milano nella quale vissero e si svilupparono in perfetta simbiosi lo spirito religioso e, a un tempo, mercantile della città.

L'amico Ambrogio, dopo aver concluso la sua attività professionale, spinto da un profondo interesse per la storia, aveva iniziato a frequentare gli insegnamenti del Corso di Laurea in Scienze Storiche, conseguendo il diploma di Laurea con un Elaborato Finale dal titolo: Letture sul "Coperto dei Figini" di Milano, una scelta determinata anche dalla omonimia tra il neo laureando e la nobile famiglia milanese. Ma che cosa è un Coperto se non un centro commerciale dell'Epoca, una specie di Rinascente ante litteram ?

E così, il neo Dottore Ambrogio Figini non poté sottrarsi alla goliardica, ma affettuosa presa in giro degli amici e colleghi di studi: "ma allora tu, caro amico Figini, eri il padrone della Rinascente !"

E da qui, in un ardito passaggio dalla goliardia al commosso ricordo, nasce il presente volume dal titolo: "Il Coperto dei Figini: La Rinascente del Medioevo".

Il libro contiene la versione originale dell'elaborato di Ambrogio Figini, integrato da alcuni contributi degli amici e colleghi di studi ed è pubblicato con il consenso della moglie Paola e del figlio Luca.

LETTURE SUL "COPERTO DEI FIGINI" DI MILANO
Ambrogio Figini

A mia moglie Paola e a mio figlio Luca
A mia sorella Alessandra
In memoria di mio fratello Orazio

INDICE

LETTURE SUL "COPERTO DEI FIGINI" DI MILANO   7
Introduzione   10
Premessa economica   11
I. Note di topografia dell'antico centro di Milano   19
a) Premessa   19
b) La Basilica di Santa Tecla nel Medioevo   21
c) Santa Tecla nel Tardo Medioevo   26
d) Gli scavi Archeologici   30
II. La Cattedrale e i Mercati   33
a) Le aree dei mercati   33
b) Il *Coperto* delle Drapperie   54
c) Il confine delle proprietà ecclesiastiche   57
III. Coperto dei Figini e la Piazza del Duomo   58
a) La piazza del Duomo   58
b) Il Coperto dei Figini   65
c) Il problema tipologico   67
d) Le Fasi della Costruzione del Coperto dei Figini   71
IV Pietro da Figino   77
Conclusioni   85
Indice delle Illustrazioni   87
Bibliografia   95
Ringraziamenti   99

CONTRIBUTI   100

Aspetti socio economici del contado
milanese (1450-1600)   101

I prodromi del Coperto dei Figini   126

Numismatica all'ombra del Coperto   145

I Navigli del milanese tra Medioevo e
Rinascimento   159

ILLUSTRAZIONI DI COPERTINA   173

Introduzione

Per oltre mille anni Santa Tecla è stata una delle due cattedrali di Milano: una delle due chiese che formavano il centro liturgico della città e della diocesi. Insieme a Santa Maria Maggiore, che era l'altra cattedrale, Santa Tecla occupava l'area su cui oggi esistono il Duomo e la sua piazza; precisamente, Santa Maria Maggiore sorgeva all'interno del perimetro odierno del Duomo; Santa Tecla, che le stava davanti, occupava la porzione settentrionale della piazza. La posizione delle due cattedrali ha deciso il loro destino, Santa Maria Maggiore sopravvive, in un certo senso, nel Duomo, mentre di Santa Tecla resta vivo soltanto il nome, che è ancor oggi quello ufficiale della parrocchia della cattedrale. Recuperare ciò che è perduto, riordinare ciò che è disperso, *ricomporre l'infranto*[1], è la meta paradossale cui lo storico aspira; l'attenzione verso gli aspetti apparentemente più marginali o fragili del passato, è la forma specifica della sua *pietas* verso gli uomini e le cose. Recuperare Santa Tecla, in questo caso, non ha significato soltanto ricostruire, per quanto è possibile, la struttura materiale, bensì mostrare la chiesa nel contesto di quella parte della città di cui per secoli è stato il perno. Santa Tecla sorgeva al centro della più importante area commerciale di Milano; qui, come in molte città d'Europa, il mercato circondava la cattedrale. Prodotti alimentari ed artigianato: pesci freschi e salati, gamberi, frutta, e calzature, borse e pellicce, passamanerie e drappi di varie stoffe, oreficeria ed altro ancora: l'intero catalogo, della merceologia quotidiana del medioevo assediava la chiesa, abbarbicandosi alle sue pareti una trama fitta e precaria di *coperti*, assiti, incastellature.

---

[1]Ada Grossi, *Santa Tecla nel tardo Medioevo*, p. 6, Edizioni ET 1997

La contiguità, anzi la complementarietà, tra sacro e profano era non solo fisica, ma economica: le aree presso la chiesa, appartenenti alla soprastanzieria ed al capitolo, affittate ai mercanti producevano un reddito consistente utilizzato, almeno in parte, per fare fronte alle spese di gestione, manutenzione e restauro di edificio che antichità e dimensioni rendevano oneroso. In sintesi, il mercato finanziava lo spazio sacro, garantendone l'esistenza.

Di tali coperti, col nome delle nobili famiglie a cui appartenevano, il più celebre è quello detto *Coperto dei Figini*.

Premessa economica

L'evoluzione economica milanese nei secoli XII e XIII non fu un fenomeno né isolato né particolarmente originale. In certo senso anzi, detta evoluzione fu molto meno brillante e meno intensa del contemporaneo sviluppo di economie cittadine quali quelle di Firenze, di Siena, di Genova o di Venezia. Però coi primi decenni del Trecento, qualcosa di eccezionalmente originale compare nella storia milanese e lombarda. In buona parte dell'Europa – in Inghilterra, in Francia, nelle Fiandre, in buona parte della Germania e in Toscana – si ha l'impressione che il grande sviluppo dei secoli XII e XIII cominci a segnare il passo: anzi, in più di una delle accennate regioni si ha quasi l'impressione di un pesante fenomeno involutivo. È la popolazione che ristagna, è la produzione che diminuisce; è il bosco e la palude che riguadagnano terreno; è la crisi di tante e tante attività fino allora fiorenti; è il disagio di tanti centri sino allora opulenti. In contrasto con tale grigia atmosfera che sembra pesare su buona parte d'Europa, a Milano e in Lombardia si ha invece l'impressione che una nuova era si apra che una ventata d'aria fresca venga a ravvivare il vecchio fuoco, ad attizzare una nuova fiammata. Tra i primi decenni del 1300 ed il 1500, se altrove per l'Europa c'è sovente un senso di ristagno, di cautela, di involuzione, a Milano e in Lombardia c'è senso d'intensa attività costrittrice e rinnovatrice.

Questa nuova fase espansiva e di progresso economico che caratterizzò singolarmente Milano e la Lombardia diciamo tra il 1350 ed il 1500 non fu naturalmente un fenomeno interrottamente continuo. Crisi prolungate vennero di tanto in tanto a rompere il movimento espansivo. Senza fermarsi a parlare delle cicliche depressioni congiunturali, sembra veramente di poter dire che, preso nel suo insieme, il periodo 1300-1500 fu per l'economia lombarda e milanese un periodo di forte sviluppo: tendenziale e secolare sviluppo che si accentuò e raggiunse la sua massima intensità con la seconda metà del Quattrocento.

Gli economisti che si sono occupati di questioni relative alla dinamica dell'economia di lungo periodo hanno messo in luce l'importanza delle cosiddette "innovazioni" per lo sviluppo economico di una data società. E per "innovazioni" è opportuno intendere non soltanto le "innovazioni" tecniche, bensì tutto ciò che in un dato momento entra come elemento novatore a modificare ed a rendere più efficiente quel rapporto tra capitale, lavoro, risorse disponibili, attività imprenditoriale in cui si traduce e si estrinseca l'attività produttiva. L'apparizione o l'adozione di "innovazioni" è talvolta di per sé più un effetto che una causa. Ma anche in tali casi l'"innovazione" non tarda a divenire un elemento vigorosamente "attivo". In ogni caso, quando una data società si dimostra aperta alle "innovazioni", è evidentemente una società dinamica. E tale provò di essere la società lombarda ed in particolare la società milanese tra il 1350 ed il 1500[2].

Una "innovazione", di carattere non economico ma che sullo sviluppo economico ebbe conseguenze ed influenze difficilmente valutabili, fu la formazione della "signoria". Il sorgere della "signoria" significò un deciso appesantimento del carico fiscale: i denari drenati dal signore non sempre furono spesi con criteri che da gente sensata potrebbe venir qualificati come saggiamente economici. Infine, la signoria finì col prendere provvedimenti di politica economica a stampo protettivo, autarchico e mercantilistico che se dapprima ebbero per taluni settori la capacità di far sorgere e di proteggere una certa attività manifatturiera, nel complesso e nel lungo andare finirono però con l'imprimere all'economia milanese e lombarda certe rigidità che si manifestarono poi sfavorevoli allo sviluppo successivo.

Se è innegabile che tali aspetti negativi esistessero, è altrettanto vero però che sotto altri aspetti l'apparizione della signoria significò impulsi positivi.

Soprattutto indirettamente per la decisiva azione innovatrice nel campo sociale.

La signoria fin dai suoi inizi si presentò come l'irriducibile avversaria di posizioni precostituite, di antichi privilegi, di tradizionali immunità. Ceti ed istituzioni che da secoli avevano goduto di particolari benefici economici o che da secoli controllavano per diritti indiscussi notevoli quote delle risorse disponibili, ora si videro attaccati dalla signoria che si poggiava su forze nuove, più fresche e più intraprendenti[3].

---

[2] *Storia di Milano,* vol. *VII* pp. 347-8, Treccani degli Alfieri, 16 voll., Treccani, Milano 1953

[3] P. Ciapessoni, *Per la storia della economia e della finanza pubblica pavesi sotto Filippo Maria Visconti,* t. VI, p. 333., "Boll. Della Soc. Pavese di S. P.", Pavia 1906

Furono attaccati forti gruppi consortili cittadini e i feudatari del contado. Furono attaccati i Comuni cittadini nella loro pretesa di tenere asserviti ed in stato di dipendenza giurisdizionale i loro contadi. E fu attaccata violentemente con ogni mezzo la Chiesa, la "grande proprietaria" per antonomasia. L'attacco fu condotto per vie diverse: per via indiretta cercando di far sì che benefici e terre ecclesiastiche andassero a finire in mani fedeli alla signoria; per via diretta attraverso prese di possesso più o meno violente e attraverso imposizioni fiscali che non ammettevano immunità religiose. Quanto pesasse alla Chiesa, sia moralmente che materialmente, l'azione fiscale della signoria, numerosissimi documenti dei secoli XIV e XV lo attestano.

Il successo della signoria si tradusse praticamente nel fatto che una frazione cospicua delle risorse passò dalle mani di un certo gruppo sociale nelle mani di un altro formato per lo più di gente nuova. E nel complesso si può dire che ricchezze enormi furono mobilitate. Vero che tra la gente nuova fattasi avanti col favore della corte ci furono individui che avevano molto più la qualità di cortigiano che quella del sagace uomo d'affari. Anche se operatori abilissimi che operarono, chi con l'aiuto del favore ducale, chi localmente, senza favore di duchi, solo sfruttando quella situazione che la pressione della signoria andava ovunque facilitando ed esasperando[4].

È anche importante rilevare al proposito che se i duchi furono in genere prepotenti avversari di ogni privilegio o posizione precostituita, fecero a tale atteggiamento una notevole eccezione a riguardo dei grossi "Mercanti". Viene messo in luce "l'intimo collegamento fra la Camera Viscontea

---

[4] Approfittando dell'appoggio ducale per esempio abilissimi finanzieri quali i Folperti, i Diversi, i Borromei, che ben seppero mettere a frutto le loro ricchezze, *Storia di Milano*, vol. *VIII.*, cit. p. 352.

e la privata banca Lombarda" e le "parentele finanziarie fra la signoria e la potente banca mercantesca"[5]. Cercarono i Visconti di ridurre l'importanza della Camera dei Mercanti e la sua capacità di stipulare trattati o accordi internazionali, e gli Sforza riuscirono ad attenuare un poco la forza e l'autonomia interne del grande istituto ma nel complesso i duchi non spinsero l'attacco a fondo.

Anche l'atteggiamento verso gli Ebrei fu fondamentalmente informato a quel criterio di rispetto che la signoria milanese non lasciò mai mancare a chi aveva del capitale[6].

La verità che i duchi, pur sempre in condizioni finanziarie precarie, avevano di continuo bisogno di ricorrere a coloro che disponevano di capitali liquidi. Per questo la politica per molti sensi "livellatrice" della signoria milanese non fu una politica demagogica soltanto e irrispettosa dei valori economici: al contrario - benché più che per necessità che per virtù – la signoria fu spesso al fianco dei più attivi e potenti esponenti del nuovo capitalismo lombardo.

Molto meno felici furono i duchi quando cercarono di regolamentare specifici problemi economici. Per quanto riguarda la politica diretta all'incremento della produzione bisogna notare che invece di mirare ad una specializzazione che portasse più intesi scambi con gli Stati vicini, la politica dei signori ebbe piuttosto uno stampo autarchico. Quando per esempio nel corso del Quattrocento l'agricoltura lombarda si stava sviluppando fortemente nella direzione della produzione foraggera e dell'allevamento, i duchi intervennero a frenare questa tendenza per garantirsi che la

---

[5] T. Zerbi, *La Banca nell'ordinamento visconteo*, p. 256., Emo Cavalieri, Milano 1935.

[6] E. Motta, *Ebrei in Como ed in altre città del Ducato di Milano*, p. 9 sgg.; Como 1885

produzione cerealicola non si contraesse, premendo loro soprattutto che il ducato restasse "abundante de biade"[7]. Ancora più evidente fu la tendenza autarchica nel campo manifatturiero. Le esenzioni fiscali, i premi di incoraggiamento, le concessioni di monopolio per chi introducesse nello Stato ogni possibile nuova arte o manifattura furono provvedimenti all'ordine del giorno alla corte ducale. Nella maggior parte dei casi tali sforzi non condussero a nulla o tennero in piedi qualche gracile attività. C'è però il caso del setificio in cui veramente sembra che i provvedimenti adottati abbiano dato un avvio decisivo a quella che sarà l'industria più fiorente del Milanese nell'epoca della signoria. In effetti l'industria serica era stata introdotta in Milano nel sec. XIV da privati: ma sembra rimanesse ad uno stadio piuttosto primitivo. Nel 1442 si volle intensificare l'industria serica, si concessero, notevoli privilegi a maestri fiorentini perché venissero a Milano e vi introducessero "particolari lavoretti di seta": vennero concessi uno stipendio mensile, esenzioni fiscali per i maestri e tutti i loro operai e importazione libera da ogni dazio di sete tinte e altre materie prime occorrenti alla manifattura. Da quegli anni veramente l'industria serica entrò in lungo periodo di eccezionale espansione e, insieme all'attività edile ed alle bonifiche terriere, venne senz'altro a rappresentare uno degli elementi più dinamici della economia milanese e lombarda. Già nel triennio 1459-61 – a meno cioè di un ventennio dai provvedimenti di Filippo Maria del 1442 e ad onta della grossa crisi del 1450 – la fabbricazione dei drappi

---

[7] C. M. Cipolla, *Ripartizione delle colture nel pavese secondo le misure territoriali della metà del Cinquecento*, in "Studi di economia e statica della Facoltà di Economia e Commercio dell'Università di Catania"., p. 9, n. 1, Catania 1950-1.

di seta aveva fatto tali progressi che i mercanti di seta furono in grado di organizzare un proprio mercato. E si parlava allora di parecchie migliaia di botteghe aperte in Milano e di circa 15000 persone impiegate nella lavorazione della seta[8]. Nessuno poteva né può giurare su questa cifra: ma se insomma queste cose dicevano gli è perché tutti avevano dell'industria serica l'idea e la visione di una industria eccezionalmente fiorente.

D'altra parte, già col secondo decennio del quattrocento ma più specialmente con la metà dello stesso secolo, la signoria inaugurò una serie più fitta di provvedimenti protettivi veri e propri: se prima erano soprattutto incoraggiamenti e facilitazioni verso industrie nascenti ora si entra nella fase della protezione delle industrie già sorte. È difficile valutare esattamente il senso e l'efficacia di tali provvedimenti. L'impressione è che per esempio, nel settore serico l'azione ducale funzionò agli inizi da utilissimo stimolo, però se poi lo sviluppo della manifattura serica fu tanto onorevole, ciò dipese anche da numerose altre circostanze favorevoli. In altri casi, in cui circostanze favorevoli non si manifestarono, provvedimenti ducali rimasero più o meno lettera morta.

È interessante per altro osservare che la serie di provvedimenti di carattere strettamente protettivo si fece numerosa con la metà del XV secolo.

In maniera più indiretta, ma certo molto più efficace nel lungo andare per lo sviluppo economico milanese e lombardo, influirono la riorganizzazione amministrativa portata avanti dalla signoria, la sua lotta contro i particolarismi locali, i suoi sforzi di unificazione delle consuetudini mercantesche e degli usi delle varie parti del

---

[8] *Storia di Milano*, Vol. *VIII.*,cit., p. 353.

nuovo Stato[9].

Il ruolo di Milano capitale dello Stato (benché "capitale" a quel tempo non avesse quel significato che ha oggi, sia dal punto di vista amministrativo che politico), con l'afflusso di gente e personalità che tale ruolo comportava con la presenza della corte per buona parte dell'anno, rappresentava per Milano una domanda attiva di beni e servizi che non poteva mancare di stimolare iniziative (v. per es. la stessa fioritura dell'arte broccata). Con la corte e gli organi statali in Milano era più facile per i Milanesi trarre benefici maggiori a tutto vantaggio dei propri interessi.

L'iniziativa "signorile" (il termine "statale" sarebbe forse un po' anacronistico) non esaurì la gamma delle innovazioni che fiorirono nella società lombarda e milanese in particolare, dopo la meta del Trecento. Anzi. Se in fondo l'azione ducale fu per sua natura più vistosa ed è più documentata, se la stessa azione ducale fu in certi settori preparatoria o stimolatrice, fu però l'iniziativa privata che, traendo profitto da circostanze varie, sostenne maggiormente l'espansione dell'economia milanese lombarda. Anzitutto va tenuto presente che il periodo signorile vide in Milano come in tutta la Lombardia un profondo fenomeno di ricambio sociale: più una evoluzione che una rivoluzione: ma forse proprio per questo, più profonda e più feconda. Gente nuova si faceva avanti e poteva farsi avanti. Sangue nuovo, sovente buon sangue campagnolo di gente che veniva da vari stati sociali: anche da vecchia nobiltà, talvolta, oppure da ceti umili, ma per lo più ceti intermedi: piccola nobiltà campagnola, medi

---

[9] Da ricordare per esempio, il tentativo di unificazione delle misure e dei pesi locali attuato da Gian Galeazzo alla fine del sec. XIV: "Dominus Galeaz voluit uti debere (in civitate Papie) mensuras Mediolani et certo tempore usitate fuerunt mensure Mediolanenses in civitate Papie" *in Archivio Civico di Pavia,* busta 411.

proprietari, grossi fittabili, mercanti o banchieri e "capitanei". Questa gente, o i loro figli mandati a coltivare il diritto allo Studio pavese, si accostarono alla Corte o alla marcatura o alle speculazioni agricole, o a tutte queste cose assieme[10].

Molto sovente, si è detto, era buon sangue campagnolo. È di gente che vistasi aperta la via aveva capacità e volontà di lavorare. Questa gente fu il primo motore della grande espansione milanese e lombarda del Tre e Quattrocento: perché, se è vero come tanto si pretende oggi che, per avere progresso economico ci vogliono capitali e risorse naturali e cose del genere, è anche vero che soprattutto ci vogliono gli "uomini e le donne". E di vigorose figure, di innovatori e imprenditori nel vero senso della parola.

I. Note di topografia dell'antico centro di Milano

a) Premessa

L'antica topografia del centro di Milano è ancora avvolta in incognite ed incertezze, che le più diligenti indagini non giunsero a chiarire. La mole del Duomo invase a partire dagli ultimi decenni del 1300, ed assorbì nel corso di quasi due secoli una vasta zona, cosparsa da numerosi edifici religiosi, dei quali non risparmiava alcuna traccia[11]: e la piazza che nel

---

[10] Una interessantissima figura di "capitano" ducale che fu al contempo mercante, banchiere, grande proprietario fondiario e certamente trovò modo di trar profitto nelle sue molteplici attività dalla posizione ufficiale occupata, fu il magnifico milite Pasino degli Eustacchi, capitano e ammiraglio della flotta Viscontea., L. Rossi, *Gli Eustacchi di Pavia e la flotta Viscontea e Sforzesca nel sec. X*, in "Boll. Soc. Pavese di S. P.", t. XIV, p. 30 sgg., Pavia 1914.

[11] I soli resti che si conservino del Duomo degli edifici, di cui questo monumento cagionò la rovina, sono le sculture in marmo di Verona, incastrate nella parete della navata minore di sinistra, provenienti dalla chiesa di S. Maria Maggiore: l'arcivescovo Crivelli, diventato poi papa Urbano III, aveva decorato l'abside di S. M. Maggiore colle statue di questi Apostoli, in marmo rosso veronese.

XIX secolo parve indispensabile corona al monumento compiuto, richiese altre non meno vaste demolizioni, che trasformarono profondamente il centro della città. L'unico caposaldo che, da un punto di vista puramente topografico, rimanga a disposizione anteriore al secolo XV per tutte le adiacenze del Duomo, è il Palazzo Reale revocante ancora, sotto le vesti del Piermarini, l'antico Arengo, colle due ali protese e lievemente divergenti dalla facciata, che pare vogliano ricomporre l'ampio cortile visconteo, circondato da porticati a sesto acuto, al quale dà accesso la porta principale, prospettante l'antica basilica di S. Tecla, aperta là dove s'innalza il pilone angolare verso mezzodì, della fronte del Duomo

Se scarsi sono i capo-saldi topografici, ancora meno concludenti risultano le antiche memorie che si colleghino a documenti, anziché alle leggende che per lungo tempo si intrecciarono intorno a quella zona, compiacendosi quasi di confondere e di sviare con esagerazioni e fantasticherie, le poche notizie alle quali possiamo affidarci. Per avviare lo studio dell'antica topografia del centro milanese con qualche sicurezza di risultato, occorre affrontare l'arduo tema con un procedimento diverso, per dire inverso, da quello seguito, accertando anzitutto, in quanto sia ancora possibile, la singola disposizione di quegli edifici di cui rimanga qualche indizio sicuro e certo, per chiarire gradatamente la topografia generale di quella zona, come doveva presentarsi al momento in cui veniva avviata la mole del Duomo.

Di due soli, fra quei numerosi edifici – l'Arengo e il *Coperto*, detto dei Figini, conosciamo la disposizione topografica e mentre questo, interamente demolito fra il 1860 e il 1866, rimane precisato nelle piante della città anteriori a quell'epoca, il primo domanda solo di essere completato nella parte che venne sacrificata a poco a poco dal progressivo avanzarsi delle navate del Duomo.

b) La Basilica di Santa Tecla nel Medioevo[12]

Prima di entrare nel merito dell'assetto medioevale della basilica di Santa Tecla, del cosiddetto Paradiso antistante la Chiesa e dei mercati che fiorirono attorno ad essa nell'ambito delle aree di proprietà ecclesiastica, è utile ripercorrere brevemente la storia della basilica dalla sua fondazione al Medioevo, attraverso gli elementi che ci sono pervenuti.

Santa Tecla faceva parte di quel complesso episcopale e di quegli edifici che a partire dal secolo XIV vennero sacrificati alla costruzione della cattedrale attuale, il Duomo, che sostituì l'assai più piccola Santa Maria Maggiore, riprendendone l'orientamento liturgico da oriente ad occidente.

Il complesso episcopale di Milano, che era costituito dalla basilica di Santa Tecla, da quella di Santa Maria Maggiore, dal battistero di San Giovanni *ad Fontes* e da quello di Santo Stefano, venne progressivamente demolito per far posto alla costruzione del Duomo e alla sua piazza. Anche costruzioni civili dovettero ritirarsi a più riprese, come l'Arengo, che perdette la caratteristica pianta quadra fin dal secolo XV. L'ampliamento della piazza continuò anche in epoca molto tarda, fino alle realizzazioni del Mengoni nella seconda metà dell'ottocento, quando vennero cancellate le vestigia del *Coperto* dei Figini (sorto sui resti della navata aquilonare di Santa Tecla dopo la demolizione). Santa Tecla era una basilica paleocristiana di rara grandezza, a cinque navate, paragonabile soltanto a pochissimi esempi di matrice

---

[12] Si veda Tavola 1 delle Illustrazioni.

orientale, pervenutici purtroppo quasi esclusivamente attraverso scavi archeologici. I modelli della basilica possono essere ricercati nelle aree di influenza bizantina[13]. Prima di ritrovamenti archeologici nulla si poteva concretamente capire circa la struttura e la locazione topografica precisa della chiesa di Santa Tecla: tuttavia già nel 1917, Monneret de Villard aveva avanzato una serie di ipotesi, rivelatesi poi in gran parte esatte, basandosi su alcune documentazioni di archivio e sui primi rinvenimenti a seguito di un modesto scavo del 1870. La cattedrale tardo-antica sarebbe sorta su un asse nord-ovest/sud-est, deviato rispetto al Duomo attuale: gli scavi successivi hanno confermato le ipotesi avanzate.

La basilica di Santa Tecla sarebbe stata costruita nel periodo immediatamente successivo all'Editto di Milano del 313, il rescritto di Costantino con cui veniva riconosciuta definitivamente la libertà del culto cristiano. La chiesa risalirebbe alla prima meta del IV secolo[14], quando cominciarono a sorgere le grandi basiliche costantiniane nei

---

[13]Analogie con Santa Tecla si riscontrano con la basilica C di Nikopolis (Epiro) e nella basilica di Epidauros, entrambe a cinque navate con pseudo-transetto

[14] Quanto alla datazione della basilica gli studiosi sono abbastanza concordi: Savio e Monneret de Villard hanno proposto il periodo 344-355 (cfr. Savio, *Gli antichi vescovi d'Italia dalle origini al 1300 descritti per regione, La Lombardia, Milano,* I pp. 97,112,864; Biblioteca Istorica della antica e nuova Italia, Firenze 1913, Monneret de Villard, *L'antica Basilica di S. Tecla in Milano,* p. 2, in "Archivio storico Lombardo", s.V. 44, 1917, p. 1-24); il Calderini ha suggerito il periodo tra il 340 e il 350 (cfr. Calderini-Chierici-Cecchelli, *La basilica di San Lorenzo Maggiore in Milano,* pp. 37-8, Treccani, Milano 1952), e Krautheimer suppone che l'opera sia stata iniziata tra il 345 e il 350 e terminata tra il 353 e il 355, in tempo per ospitare il sinodo (cfr. Krautheimer, ed. italiana *Tre capitali cristiane, Topografia e politica,* pp.155-21, Einaudi, Torino 1987).

più importanti centri della Chiesa: a Milano come a Roma, Costantinopoli, Antiochia e Gerusalemme. I grandi ambienti basilicali si sarebbero resi necessari anche in funzione di sempre più frequenti attività extra-sacramentali come i grandi concili[15]. Sulla base della tradizione letteraria abbiamo notizia che in questa basilica si svolse nel 355 il burrascoso concilio con il quale venne ratificata la politica filo ariana dell'imperatore Costanzo II (entrato in Milano nel 352)[16]. Costretta la maggioranza dei vescovi ad approvare formalmente la dottrina di Ario, vennero condannati il vescovo milanese Dionigi e quello di Alessandria Attanasio, che vi si erano ribellati. La sede vescovile di Dionigi venne usurpata per volere di Costanzo dall'ariano Aussenzio ed il vescovo legittimo fu mandato in esilio in Cappadocia, dove morì e fu poi venerato come martire.

I riferimenti più antichi alle basiliche milanesi, si trovano negli scritti del vescovo Ambrogio, anche se non è noto quante basiliche e quante *domus orationis* formassero il patrimonio ecclesiastico dei milanesi, costruito in almeno due secoli di cristianesimo avversato e in uno scorcio di cristianesimo trionfante, Ambrogio nel narrare gli eventi, come vedremo, nomina tre costruzioni maggiori: *la basilica vetus*, la *portinaia* e la *nova, quae maior est*[17].

---

[15] I concilii milanesi di quegli anni hanno avuto luogo secondo alcuni nel 345,347-8 e 355(cfr. *Storia di Milano,* I, p. 400). Secondo altra fonte ebbero luogo invece nel 316, 345, 355 e 380 (cfr. Hefele, *Historie des Conciles,* tome1, pp. 297, 848,862, 872, 875 n. 3, 986., Paris 1907.

[16] Secondo quanto riportato da Calderini, *La tradizione letteraria più antica sulle basiliche milanesi,* in "rendiconti del Regio Istituto Lombardo", LXXV, 1, pp.309-14, 1941-42, il concilio fu iniziato *coram populo nella chiesa* e terminato a palazzo per ordine dell'imperatore, per evitare tumulti e disordini popolari.

[17] Cfr. Ambrogio, *Discorsi e lettere II/III, Lettere (70-77)* a cura di G.

Nella LXXVI lettera (Maur.20) alla sorella Marcellina, nel "De traditione basilicae", Ambrogio fa riferimento all'episodio del tentativo di sequestro imperiale delle basiliche a favore degli Ariani (che vantano pretese soprattutto nei confronti della *portinaia*)[18] cui si oppone fermamente egli stesso con successo nel 386: dal racconto emergono aggettivi qualificativi riferiti alle basiliche che, se messi in relazione ai risultati delle scoperte archeologiche, sono illuminanti per la comprensione del panorama delle chiese milanesi del tempo. L'archeologo Alberto De Capitani d'Arzago, che svolse nel periodo bellico scavi e studi a questo proposito, tramite una serie di valide argomentazioni[19] concluse che la *maior* e *nova* non possa che essere la grande basilica di Santa Tecla, e che *vetus* e *minor* siano la stessa chiesa, ossia Santa Maria Maggiore, mentre identifica quella chiamata *portiana* ed *extra muros* con la basilica *laurentiana*[20].

Banterle, ed. M. Zelzer, 21 Biblioteca Ambrosiana Milano e Città Nuova Editrice, Roma 1988. Si vede anche De Capitani D'Arzago, *La chiesa maggiore di Milano*, a cura di G.P. Bognetti, E. Cattaneo, Ceschina, pp. 165-8 Milano, 1952.

[18] Le richieste iniziali della corte si riferivano alla *portinaia* vennero poi estese alla *nova* e infine ripetute per la sola *portinaia*, pur facendo circondare di truppe la *nova* a scopo intimidatorio. Le richieste insistenti degli Ariani per la *portinaia*, secondo De Capitani, potevano essere dovute al fatto che tale basilica fu probabilmente fatta costruire dallo stesso vescovo Aussenzio. Tale ipotesi è basata sia sulla collocazione temporale della basilica che sull'originalità della planimetria dovuta forse a maestranze non locali ma aggregate al seguito della corte ariana di Giustina, sia infine sull'assenza di ricordi cimiteriali e quindi legami con la comunità preesistente.

[19] De Capitani D'Arzago, *La chiesa maggiore di Milano*, cit., pp. 6-24.

[20] I tentativi di identificazione di tali edifici sono stati numerosi e spesso divergenti anche perché i primi potevano basarsi solo sulle interpretazioni del testo ambrosiano, non ancora illuminate dalle molteplici posizioni si veda Piva, *La cattedrale doppia. Una tipologia*

Dalla descrizione dei fatti riportata da Ambrogio è possibile ricavare notizie sull'uso delle due cattedrali: Ambrogio era nella *vetus* quando venne avvertito che "plenam populi esse basilicam etiam novam" e che ivi si recava un lettore. Secondo tale racconto *vetus* e *nova* erano dunque officiate contemporaneamente ed il popolo aveva accesso ad entrambe: se ne può dedurre che la doppia cattedrale fosse in uso nel IV secolo anche a Milano, come del resto a Trevi ed Aquileia, complessi entrambi costruiti nella prima metà del IV secolo[21].

La *basilica* o *ecclesia maior* è più volte menzionata negli scritti di Ambrogio che nella vita del santo scritta dal suo segretario, il diacono Paolino: le dimensioni della basilica paleocristiana venuta alla luce sotto il sagrato del Duomo grazie agli scavi archeologici non lasciano alcun dubbio circa il fatto che questi riferimenti siano relativi proprio alla basilica di Santa Tecla la ricca e fiorente comunità di Milano seppe infatti costruire uno dei maggiori templi cristiani dell'Impero. Ambrogio definisce la basilica anche *nova* in contrapposizione all'altra cattedrale, la *vetus,* a cui si riferisce come alla *minor.* La comunità cristiana milanese risale a ben prima di quel 313 in cui fu liberalizzato il culto: l'uso del termine *vetus* che Ambrogio applica alla basilica che avrebbe preceduto la *maior* come sede vescovile potrebbe confermarlo.

---

architettonica e liturgica del Medioevo, p. 17 e p. 34, n. 11, Pàtron, Bologna 1990.

[21] Sull'argomento della cattedrale doppia di Milano e in generale delle chiese doppie si veda il recente studio di Pracchi, *La cattedrale antica di Milano,* Laterza, Bari 1996 che propone una nuova interpretazione del gruppo episcopale di Milano, dopo aver ripercorso criticamente le ipotesi fin qui formulate (Piva, *La cattedrale doppia. Una tipologia architettonica e liturgica del Medioevo,* cit.).

Essa viene anche chiamata *minor,* e proprio per questo motivo, per la sua inadeguatezza alle nuove esigenze del cristianesimo, cessate le persecuzioni, e per la necessità di crearsi vasti spazi per le grandi assemblee conciliari sarebbe stata costruita la *nova* e *maior* dai predecessori di Ambrogio.

c) Santa Tecla nel Tardo Medioevo

Secondo quanto è emerso dai ritrovamenti archeologici Santa Tecla ha mantenuto, dalla sua costruzione nella prima metà del IV secolo fino alla sua demolizione nel 1461-62, il medesimo impianto di base (la grande basilica a cinque navate). Essa ha però una serie di trasformazioni successive (probabilmente a seguito di devastazioni e incendi)[22], che, pur non mutandone l'impianto, hanno dato luogo a profonde modificazioni nel ritmo dello spazio interno e ne hanno adeguato la parte presbiteriale alle successive esigenze liturgiche.

Le dimensioni della basilica risultano da 47 m. circa in larghezza e di 67,60 m. in lunghezza, fino al fondo dell'aula (ossia esclusa la zona absidale), con una navata centrale di ben 17 m. di larghezza e due navate laterali per parte. Tali dimensioni sono raffrontabili a quelle delle maggiori basiliche paleocristiane, in particolare ad alcune dell'area

---

[22] Vanno ricordati quelli, gravissimi della seconda metà del sec. XI: nel 1071 e nel 1075, il primo è il cosiddetto incendio di Castiglione (cfr. Giulini, *Memorie spettanti alla storia, al governo, ed alla descrizione della città e della campagna di Milano nei secoli bassi, Nuova edizione con note e aggiunte,* II, pp: 478-9, Colombo, Milano 1854-57) che provocò cospicui danni a San Lorenzo; il secondo (cfr. Arnolfo, *Gesta archiepscoporum Mediolanensium,* a cura di L.C. Bethmann, libro III, cap. 24, pp. 24-5, e libro IV, cap 8, p. 27, Hannoner 1848) causò danni ancor maggiori a diverse chiese milanesi. Santa Tecla, San Nazaro; santo Stefano, e in particolare a Santa Maria Maggiore.

orientale, e sono adeguate all'importanza della sede di Milano.

Tratti di pavimentazione in opera musiva a più colori, rinvenuti nello spazio tra la facciata ed il manufatto romano obliquo antistante potrebbero essere ciò che resta della pavimentazione di un nartece, ad un livello più basso rispetto alla soglia della basilica. La presenza del Paradiso (il termine Paradiso indica un atrio generalmente   quadri portico addossato alla facciata di una basilica paleocristiana, il Paradiso di Santa Tecla era invece costituito da un portico su due livelli, costruito contro la facciata della chiesa e aperto sugli altri tre lati) in epoca tardo medioevale potrebbe costituire la testimonianza di una evoluzione successiva del nartece paleocristiana seguito da rifacimenti medievali, una volta esaurita la funzione di accoglienza di catecumeni e penitenti.

La basilica originaria e quella medioevale dovevano essere caratterizzate da una partitura interna molto diversa.

Dai tre esemplari di colonne rinvenute dal De Capitani[23]. Le colonne rinvenute erano identiche, tali da far pensare ad elementi appositamente fabbricati per la basilica: essi avevano tronchi policromi in breccia africana e sovrastavano plinti in marmo bianco d'Ossola. L'estetica coloristica tipica del VI secolo[24] suggerisce che appartengano alla basilica primitiva.

Nell'ambito delle trasformazioni dettate dall'evoluzione delle esigenze liturgiche si può ipotizzare che siano stati aperti dei varchi nei muri che separavano lo pseudo-transetto dalle navate laterali, onde consentire la

---

[23] De Capitani D'Arzago, *La chiesa maggiore di Milano,* cit., p. 112.

[24] Si pensi alla policromia delle colonne della basilica Lateranense verdi per le navate laterali e di granito rosso per quella centrale.

permeabilità tra le navate laterali e la zona del transetto[25]. Questa supposizione si basa sull'esistenza di una serie di cappelle lungo le murature perimetrali del transetto stesso e ai fianchi dell'abside; l'utilizzo delle navate laterali per tutta la loro lunghezza; pseudo-transetto compreso, è ulteriormente testimoniato dall'apertura in età viscontea di due nuovi accessi alla basilica dalla zona absidale. L'abside maggiore di Santa Tecla veniva indicata con la dizione di *troina* e tutte le sue varianti[26], il significato di questo termine in italiano è generalmente quello di tribuna o abside, in latino quello di volta o cupola[27]. Esso indica infatti l'abside, la

---

[25] Tali muri non sarebbero stati demoliti come ipotizza invece De Capitani D'Arzago, *La chiesa maggiore di Milano,* cit. 1952, in quanto il muro nord del transetto rimase in piedi fino ad essere inglobato nel portico dei Figini.

[26] Le espressioni che ricorrono più frequentemente sono *trayna, troyna, travina* (cfr. 1407 maggio 7, *ASMi, Archivio diplomatico, Pergamene per fondi, cart. 377;* 1414 novembre 19, *ASMi, Fondo notarile, cart. 150;* 1430, *Rubrica mei presbiteri Beltramini de caxate canonici ecclesie Sancte Tegle capituli suprascipte ecclesie Sancte Tegle,* estratti in Beltrami, *Note di topografia dell'antico centro di Milano,* Tipografia Umberto Allegretti, Milano 1912; 1432 dicembre 10, *ASMi Fondo di religione, cart, 144;* 1434 novembre 29, *ASMi Fondo notarile, cart. 157;* 1435 novembre 25, *ibid;* 1468 ottobre13, ASMi *Fondo di religione, cart. 189,* 1469 ottobre 13, *ibid,).* Seguono *trayna magna, trabina, trayna mayor, trabina magna (cfr.* 1411 maggio 18, *ASMi, Fondo notarile, cart. 150;* 1418 ottobre 20, *ASMi, Fondo notarile, cart. 151).* In un unico caso si e è rilevato la dizione *trabuna* (1400 gennaio 8, *Annali della fabbrica, app. I, 254).*

[27] Vale la pena di ricordare, innanzitutto, una scritta dipinta nel Duomo di Monza, precisamente nella cappella absidale poligonale ove è conservata la corona ferrea: vengono ricordati gli Zavattari, che avevano affrescato il ciclo delle storie dalla regina Teodolinda sulle pareti di quella *trabina,* appunto, nel 1444. Inoltre, cfr. Glossario e Du Cange, *Glossarium mediae et infimae latinitatis,* L. Favre imprimeur éditeur, Niort 1883-87 *ad vocem* "trahina". Le note di spesa circa il rifacimento della copertura dell'abside maggiore non forniscono purtroppo elementi particolarmente

cui copertura doveva evidentemente essere una semi-tazza. L'unica informazione circa l'aspetto deriva dalle testimonianze raccolte in alcuni decenni dopo la sua demolizione che ricordano la *truina laborata ad mosaichum*[28].

Gli scavi archeologici hanno rinvenuto un muro absidale di rinforzo all'esterno dell'abside paleocristiana del V secolo[29]. Ciò autorizzerebbe a supporre che, indebolitasi quella struttura, essa non sia stata ricostruita ma rinforzata dall'esterno lasciando integra la superficie interna, che è facile immaginare decorata a mosaico. In questa ipotesi la decorazione musiva di cui è pervenuta notizia sarebbe proprio quella dell'abside del V secolo, inglobata in quella medievale e conservata *in situ*.

L'assetto di Santa Tecla in epoca viscontea-sforzesca si configura quindi come quello di una grande basilica di origine paleocristiana, ma dai caratteri oramai romanici. La vasta navata centrale era scandita da robusti pilastri a sacco che reggevano sei campate di interasse doppio rispetto a quello della basilica originaria. Il presbiterio era sopraelevato rispetto al piano della basilica, e sotto di esso si estendeva una grande cripta. Gli spazi dello pseudo-transetto, ai lati del presbiterio, comunicavano con le navate laterali, arricchite di altari.

---

significativi per fare ipotesi precise sulla struttura di quella di Santa Tecla: *ASMi, Fondo di religione, cart.* 144, *Ficta super-stantiaria et axpensse facte substanteria ecclesie Sancte Tecle 1445, ff. 10 v – 14 v.*

[28] 1521/23, *II PP, A.B, Quattro Marie, cart 338, AFD, Archivio storico, cart. 28, f. 11,* come pure 1521 febbraio, *Annali della Fabbrica, vol. III, 215.*

[29] L'abside del IV sec. era di minore ampiezza. Cfr. Mirabella Roberti, *La cattedrale antica di Milano e il suo battistero,* p. 82, "Arte in Lombardia", n. 1, 1963.

In età viscontea-sforzesca la basilica non doveva versare nelle migliori condizioni: sappiamo che alla fine del XIV secolo essa necessitava di generici rifacimenti[30].

A metà del quattrocento venne sistemata in particolare l'Abside, imbiancata e ristrutturata nella copertura[31] negli anni seguenti, poco prima della decisione di demolire la chiesa, vennero effettuate riparazioni alla copertura dell'intera chiesa.[32]

d) Gli scavi Archeologici

Le ricerche archeologiche condotte sulla basilica paleocristiana e sulle sue modificazioni successive si basano su tre diverse occasioni di scavi, tutte purtroppo frammentarie e svolte in condizioni di indifferibilità dei lavori che non hanno certo permesso agli studiosi di operare in condizioni ottimali. Le circostanze sono inoltre state tali da non consentire se non in minima parte la conservazione delle vestigia che venivano portate alla luce.

È questa una situazione particolarmente grave, che rientra in una più generale scarsità di documentazione (sia letteraria che archeologica) che ha sempre reso difficoltose le ricerche a Milano.

Il primo scavo risale al 1870, in occasione della sistemazione delle acque di scolo dal Municipio.

---

[30] 1392 novembre 4, in Santoro, 1929, *1.157;* 1393 marzo 11, Santoro, 1929, *1.170.* Ada Grossi, *Santa Tecla nel Tardo Medioevo,* cit., p.24.

[31] 1445, *ASMI, fondo di religione, cart. 144, Ficta super-sanitaria* (sic) *et axpensse face substanteria ecclesie Sancte Tecle 1445, f. 11 v.:*spese "pro centenario uno et libris XXV calzine pro inbianchando predictam troynam". Quanto alla copertura, CFC. *ibid,. ff. 10 v,-14 v., passim.*

[32] *Exspense facte* in 1453, *ASMI, Fondo di religione, cart. 188, Fictabiles superstantierie ecclesie Sancte Tegle Mediolani, ff.25 r,vv:, ibid., f. 41 f. f.,* dove si registra per es. la spesa per l'asportazione delle tegole rotte. La basilica venne demolita nel 1461-62.

Venne scavata una trincea di fronte al Duomo, ad una distanza di 7,7 m. dalla gradinata di accesso e ad essa pressoché parallela, sotto la direzione dell'ingegner Bignami. Nel corso di tale scavo egli individuò due edifici: uno poligonale, situato quasi interamente a settentrione dell'asse del Duomo, e un altro di cui vennero alla luce segmenti di due lati disposti ortogonalmente tra loro. I rinvenimenti dello scavo del 1870 non contribuirono subito alla scoperta della situazione reale in quanto, come riferisce De Capitani[33], l'edificio poligonale fu inizialmente interpretato come la parte absidale di una presunta chiesa, ed i tratti di muratura tra loro ortogonali come appartenenti ad un palazzo romano. Solo il Monneret de Villard, in seguito, riconobbe l'ottagono del battistero di San Giovanni nella struttura a pianta poligonale e intuì che l'altro edificio doveva essere la *basilica nova* ambrosiana. Le ipotesi formulate da Monneret trovarono poi conferma nei ritrovamenti del 1942-43; gli scavi vennero effettuati durante la guerra, in occasione di un ricovero antiaereo. Tali scavi furono seguiti giorno dopo giorno dall' archeologo De Capitani d'Arzago, che seguì le fasi della riapparizione delle vestigia dell'antica chiesa cattedrale di Santa Tecla e che lottò contro ogni difficoltà perché le strutture che via via tornavano alla luce non andassero perdute senza che almeno restasse la documentazione attraverso rilievi e fotografie. Egli pubblicò nel 1945 dei *Cenni introduttivi alla relazione sullo scavo,* ma non riuscì a portare a termine la relazione conclusiva a causa della sua scomparsa a Parigi nel 1948; i suoi scritti, oltre a vario materiale da lui raccolto, furono pubblicati postumi.

---

[33] De Capitani D'arzago, *La chiesa maggiore di Milano,* cit., p. 49.

La facciata della basilica venne raggiunta solo dagli scavi condotti nel 1960-63 dalla Metropolitana Milanese per la costruzione della Linea 1 e della stazione Duomo. Essi furono iniziati nel gennaio 1960 e seguiti dalla Soprintendenza alle Antichità della Lombardia, in particolare da Mario Mirabella Roberti[34]. Tali scavi hanno fornito documentazione e rilievi di quanto era sopravvissuto alla costruzione del rifugio antiaereo del 1943 (il rifugio divenne poi la Galleria del Sagrato): tuttavia la costruzione della stazione duomo della MM causò imperdonabilmente, anche questa volta, la quasi totale demolizione delle strutture emerse dagli scavi.

Della basilica sono rimasti soltanto i resti della zona absidale (conservati *in situ* assieme al battistero di San Giovanni, che non interferiva con la MM) ed una parte delle strutture rinvenute della *solea* di accesso al presbiterio (con zone di pavimento in opera settile di esagoni di lavagna e triangoletti di marmo chiaro), che furono però spostate rispetto alla posizione originale.

Un quarto scavo nella stessa zona, il più recente effettuato in occasione della realizzazione della Linea 3 della MM non ha invece interessato direttamente le aree su cui sorgeva Santa Tecla [35].

È utile procedere ad una breve sintesi degli scavi e dei risultati ottenuti.

Il sottosuolo della piazza apparve al De Capitani praticamente senza manomissioni (escluse le superficiali opere di pavimentazione e di conduzione) dall'esplorazione condotta fino a 9 m. di profondità emersero le vestigia di un'unica grandiosa costruzione.

---

[34] Mirabella Roberti, *La cattedrale antica di Milano e il suo Battistero*, in "Arte in Lombardia", n. 1, 1963, pp. 77-78.

[35] Caporusso, *Scavi MM3,* pp.156, Edizioni ET, Milano 1991

Il materiale di riempimento per livellare la piazza consisteva unicamente in quello di demolizione della basilica stessa. Come indicava la tradizione, le dimensioni della *basilica maior* erano notevolissime. Lo scavo del rifugio antiaereo coincise con quasi tutta la parte posteriore della basilica, ad esclusione delle navate laterali nord. Le fondazioni e le imposte degli elementi portanti conservati dimostrano che la basilica era cinque navate. Al muro perimetrale di mezzogiorno, seguivano gli allineamenti dei piloni. Le navate minori risultavano chiuse da un muro di testata di spessore pari a quello dei muri perimetrali della basilica.

Lo scavo non proseguì oltre i piloni, tuttavia le dimensioni della basilica vennero valutate ugualmente in virtù del fatto che la linea di questi piloni aveva costituito la sotto murazione della facciata verso piazza Duomo del *Coperto* dei Figini, le cui dimensioni erano note attraverso rilievi effettuati dal Mengoni prima della demolizione avvenuta per far posto alla piazza del Duomo[36].

II. La Cattedrale e i Mercati

a) Le aree dei mercati[37]

La necessità di approfondire il tema dei diversi mercati attestati presso la chiesa deriva dai vari ordini di considerazione. *In primis,* è opportuno rilevare la circostanza, peraltro comune alla generalità dei centri medievali, che la basilica di Santa Tecla era letteralmente circondata da spazi di mercato e botteghe: nel caso di Milano la documentazione che testimonia un simile uso in maniera sistematica risale al X secolo, e si ritiene che nel corso del XII

---

[36] Lo stesso De Capitani cita "rilievi moderni" (De Capitani D'arzago, La chiesa maggiore di Milano, cit., p. 106).

[37] Si veda Tavola 2 delle Illustrazioni.

e del XIII tale assetto sia ulteriormente rafforzato a seguito dello sviluppo demografico, economico, sociale e commerciale successivo alla pace di Costanza[38].

L'area delle cattedrali consolidò il proprio carattere di cuore della città e punto di aggregazione anche dal punto di vista dei traffici commerciali.[39]

Non meno importante è il fatto che la vita stessa della basilica e il sostentamento del clero dipendevano in larga misura proprio dai mercati che avevano luogo nelle contrade circostanti. Il capitolo e la soprastanzieria di Santa Tecla, infatti, possedevano tutto il suolo attorno alla basilica, compresi alcuni pubblici transiti.

---

[38] Cfr. Ennen, p. 79, che cita il diploma di ottobre del 952 febbraio 15 in cui si descrive il *mercato publicus* di Milano, dotato di banchi di vendita fissi ("stationes inibi banculas ante se habentes", cfr. MGH, tomus I, Hannover 1879-84, n. 145, pp.225-6). Con la pace di Costanza (1183 giugno) l'impero (per concessione di Federico Barbarossa e del figlio Enrico, re dei Romani) riconosceva i comuni lombardi che la avevano sottoscritto, e stabiliva le "regalie" di cui potevano godere (per tutti, vedi Falconi, *Per una nuova edizione critica della "Pax Constantiae"*, in "Archivio Storico Lombardo", s, X, 105-6, 1979-80 vol V. pp.347-88 . Per una recente panoramica, cfr. Chittolini, *Aspetti e caratteri di Milano "comunale"*, in *Milano e la Lombardia in età comunale, secoli XI-XIII*, pp. 15-21, Silvana editoriale, Milano 1993; inoltre, Soldi Rondinini, *Le vie transalpine del commercio milanese dal secolo XIII al XV*, in *Felix olim Lombardia. Studi di stiria padana dedicati dagli allievi a Giuseppe Martini*, Milano 1978., ID., 1983 e ID., 1984.

[39] La prima testimonianza che riporta esplicitamente la contiguità tra alcuni spazi di mercato e la chiesa di Santa Tecla risale comunque al 1126 ottobre 6, *ACM, Clero delle Cento Ferule, cart. XI, fasc, 1*, regesto in *Iura primicerii maioris, 477*, cir. Anche in Spinelli, *Uso e spazio e vita urbana a Milano tra XII e XIII secolo: l'esempio delle botteghe di piazza del Duomo*, in *Paesaggi urbani dell'Italia padana nei secoli VIII-XIV*, a cura di R. Comba, p. 254, Cappelli, Bologna 1988.

Lo studio dei rapporti tra la zona delle cattedrali e le botteghe che vi sorgevano attorno, in particolare in prossimità di Santa Tecla, non è finora stato oggetto di *analisi specifiche ed esaustive*[40].

L'assetto del *Coperto* dei Borsinari, della contrada dei Pellizzari e del Paradiso di Santa Tecla (il termine Paradiso indica un atrio generalmente quadri portico addossato alla facciata di una basilica paleocristiana o di una chiesa romanica, e come tale anche il Paradiso di Santa Tecla è stato immaginato) in quanto luogo di mercato, e la definizione della topografia delle pescherie di Milano, finora assai confusa.

Sono stati analizzati non soltanto i mercati che sorgevano sul suolo di proprietà del capitolo di Santa Tecla immediatamente adiacente alla chiesa (Borsinari, Pellizzari, Polleria, Pescheria Minuta), ma anche altri che sorgevano li presso, sul suolo del Comune (Drapperie e Pescheria Grossa), proprio allo scopo di chiarire per quanto possibile, la ricostruzione topografica della zona.

Quanto ai mercati che sorgevano su proprietà ecclesiastica, abbiamo già detto che i fitti ad essi relativi costituivano una fonte di reddito irrinunciabile per il capitolo di Santa Tecla, il prevosto, i canonici[41] e la soprastanzieria: a questo proposito

---

[40] Un saggio recente si occupa solo del periodo compreso tra il XII e XIII secolo e non approfondisce la topografia dei mercati: cfr. Spinelli cit. Accenni alle contrade del centro di Milano si trovano in D'Amico, *Le contrade e la città. Sistema produttivo e spazio urbano a Milano fra Cinque e Seicento,* pp. 31-3; la zona corrispondente alla parrocchia di Santa Tecla conservò a lungo uno spiccato carattere commerciale (cfr. *ibid*pp.28-30 e p. 81),Franco Angeli Milano 1994.

[41] I canonici erano dodici: cfr. *notitia sanctorum* 362 in *Notitia cleri,* p. 21. Si veda Chellini, *Ricerche sul capitolo di Santa Tecla (fine secolo XI-prima metà del secolo XV).* Tesi di Laurea, relatore prof. G. Chittolini, A.A. 1994-

sono particolarmente illuminati alcuni libri di conti redatti verso la metà del XV secolo (nel 1445, 1452, 1453 e 1454), che, data la loro vicinanza nel tempo, consentono di disporre di elementi omogenei e confrontabili[42].

Va sottolineato innanzitutto che i conti delle quattro annate per le quali si dispone di libri completi fanno riferimenti alle rendite spettanti alla sola soprastanzeria, che, pur unita al capitolo di Santa Tecla nel 1349 e poi, definitivamente, nel 1417, veniva gestita, data la sua natura, separatamente[43].

Dall'analisi di questi conti emerge una sostanziale equivalenza tra le entrate derivanti dagli spazi adiacenti alla chiesa e quelle provenienti da beni situati all'esterno della città: in mancanza di fonti analoghe per quanto riguarda le rendite del capitolo si possono comunque ritenere rappresentative quelle della soprastanzieria[44].

5 Università degli Studi di Milano, Facoltà di Lettere e Filosofia, corso di Laurea in Lettere.

[42] 1445, *ASMi, fondo di religione, cart. 144. Ficta superstantiaria et expensse facte pro substanteria ecclese Sancte Tecle 1445, 1452, ASMi, Fondo di religione, cart.188, Fictabiles super- stanterie ecclesie Santa Tegle Mediolani; 1453, ibid.;1454, ibid.*

[43] 1349 settembre 3, *ACM, Pergamene, B.9.82*; 1417 maggio 15, *ASMi, Fondo di religione, cart. 144*, bolla di Martino V del 1417 maggio 27, *ASMi, Fondo di religione, registri, cart. 3, regesti.*La soprastanzeria "era una delegazione del comune per raccogliere ed amministrare i fondi necessari per la conservazione di una basilica" in Cattaneo, *Il clero di S. Tecla alcune notizie su S. Tecla nuova,*in De Capitani D'Arzago, *La chiesa maggiore di Milano,* cit., 1952, p. 152.

[44] È pervenuto il contenuto di un unico libro dei conti del capitolo, attraverso gli estratti di Beltrami, il quale riportò soltanto le annotazioni relative ai beni adiacenti Santa Tecla: 1430, *Rubrica dei presbiteri Beltramini de Caxte canonici ecclesiz Sancte Tegle capituli suprascripte ecclesie Sancte Tegle,* trasc. Parziale in Beltrami, *Note di Topografia dell'Antico Centro di Milano,* cit,. Sarebbe auspicabile, in altra sede, ricostruire approssimativamente le rendite del capitolo vagliando tutti i

Il rapporto tra le entrate della soprastanzieria (che dovevano cioè servire per il mantenimento della basilica) derivanti dai livelli dei vari appezzamenti di terra che la chiesa possedeva *extra muros* e quelli relativi ai beni adiacenti la chiesa era equilibrato: per il 1445 si registrano entrate derivanti dai canoni di livello e di locazione sui beni situati nei mercati adiacenti alla chiesa (compresi gli spazi nel Paradiso che le spettavano, più il fitto di alcuni banchetti), cui vanno aggiunte altre entrate per i locali del Paradiso superiore (che spettava interamente alla soprastanzieria)[45]; le entrate per i beni fuori Milano sommando i pagamenti in natura (frumento, capponi, uova, ecc,) erano equilibrati alle entrate derivanti dai mercati attorno alla chiesa.

A riprova della separazione della gestione della soprastanzieria da quella del capitolo, è opportuno notare che la maggior parte delle rendite della soprastanzieria provenienti da botteghe addossate alla chiesa erano relative alla contrada dei Pellizzari, mentre quasi tutti gli spazi della contrada dei Borsinari erano gestiti dal capitolo.

L'assetto dei mercati che si è potuto ricostruire si riferisce soprattutto all'epoca viscontea-sforzesca, ma è possibile affermare, secondo quanto suggerisce l'analisi di alcuni documenti (secoli XII e XIII), che esso derivava da una situazione consolidatasi già nei secoli precedenti.

A nord della basilica, per tutta la sua lunghezza, era appoggiato almeno dal XII secolo il *Coperto* dei Borsinari ove

---

contratti pervenuti sia in relazione a spazi presso la chiesa che in altre zone di Milano o *extra muros*. Va segnalata, a questo proposito, l'esistenza di un fascicolo cartaceo che contiene la memoria di atti riguardanti i canonicati di Santa Tecla a Milano e fuori città tra Quattro e Cinquecento (*ASMi, Fondo di Religione, cart. 144*).

[45] 1346 dicembre 10, *ASMi, Archivio diplomatico, Pergamene per fondi, cart. 377.*

si svolgeva il fiorente mercato di borse, *bursini,* cinture e bottoni; tale attività di mercato avrebbe dato il nome di contrada dei Borsinari almeno a partire dalla metà del Quattrocento. A sud della basilica, tra questa e l'isolato poi noto come Rebecchino correva la stretta o contrada dei Pellizzari, la cui prevalente vocazione merceologica, come testimonia lo stesso nome, era quella della vendita delle pelli (segnatamente ovine), che si esercitava in botteghe di varie dimensioni appoggiate al fianco di Santa Tecla: di tale mercato abbiamo testimonianza a partire dal XIV secolo. Quanto alla zona retrostante l'abside, essa era altrettanto ingombra di ogni sorta di costruzioni, ma non costituiva una zona di mercato specializzato[46].

Il dato più rilevante è che i mercati non sorgevano soltanto nelle contrade adiacenti alla chiesa, ma anche contro la facciata: e non si trattava di banchi mobili tenuti dai venditori ambulanti, richiamati dall'affluenza di persone alle porte della chiesa, quanto piuttosto di vere e proprie botteghe. Proprio a questo proposito, se è stato possibile ricostruire la morfologia e la struttura del Paradiso dal XIV secolo fino alla sua demolizione, ciò si deve esclusivamente al fatto che esso veniva utilizzato come *Coperto* destinato ad ospitare i più disparati commerci.

Davanti al Paradiso, infine, si stendeva la piazzetta della Pescheria Minuta e della Polleria, su suolo ecclesiastico: più

---

[46] Risulta si vendesse pane, cfr. 1454 novembre 12, *ASMi, Fondo di Religione, cart. 189,* come pure 1400 gennaio 8, *Annali della Fabbrica, app. 1, 254.* Dalla stessa fonte apprendiamo che li presso riparavano le calzature. All'abside era appoggiata anche la bottega *a pataria* della Fabbrica, cioè il luogo di vendita dei panni usati (valga per tutti 1399 ottobre 5, *ibid.,* 246-7). Cfr. D'Amico, *Le contrade e la città. Sistema produttivo e spazio urbano a Milano, fra Cinque e Seicento.* Cit., p. 30, che cita dei *patari* in contrada di San Michele.

che una piazza (dizione usata per comodità) si trattava di uno slargo, uno spazio irregolare della profondità di 15-20 m. tra il Paradiso e gli edifici che ospitavano Le Drapperie, questi ultimi, invece di proprietà del Comune. Proprio questi edifici, come si vedrà segnano il confine tra la proprietà ecclesiastica e proprietà comunale.

La Pescheria di spettanza ecclesiastica si attestò in prossimità della cattedrale durante il processo spontaneo di coagulazione dei mercati interno ad essa, e se ne ha notizia almeno dal XII secolo; quella di ragione civile sorse nel secolo successivo, in contrapposizione alla prima in concomitanza dell'inizio della lotta per la supremazia tra Chiesa e Comune. Dopo la costruzione del *pallatium novum* (palazzo nuovo, simbologia del potere comunale), si creò un nuovo centro cittadino, distinto da quello episcopale alla cui ombra era fino ad allora esistito il broletto vecchio: e i nuovi mercati tra cui la seconda pescheria, si organizzarono presso il cuore del potere civile. Il rapporto di antagonismo tra due mercati del pesce trovò molto presto un equilibrio, che consentì la spartizione ordinaria della vendita del pesce: la pescheria di Santa Tecla, nota come Pescheria Minuta, avrebbe esercitato il commercio di gamberi e pesci di piccola taglia, mentre quella del Comune si specializzò nella vendita del pesce grosso e assunse il nome di Pescheria Grossa.

È interessante notare che la parte più occidentale della piazza della Pescheria Minuta e della Polleria costituiva un importante arteria di traffico. Non è pervenuta notizia di alcuna contestazione o rivendicazione da parte dei Duchi su quegli spazi, essendosi evidentemente consolidato l'uso di un transito importante come quello delle aree di proprietà della Chiesa milanese.

Demolita la Chiesa di Santa Tecla nel 1461-62 le botteghe dei

Borsinari le sopravvissero, appoggiate al muro nord della chiesa, sfruttato insieme allo spazio delle navatelle per la costruzione del *Coperto* dei Figini; la contrada dei Pellizzari venne distrutta; La Polleria si trasferì in parte sulla piazza del Duomo (nell'area di sedime della chiesa demolita) e, infine, la cosiddetta Pescheria Minuta, al volgere del secolo, tornò ad essere l'unica Pescheria di Milano, avocando a sé anche le funzioni fino ad allora esercitate presso quella Grossa.

Come già accennato lo spazio Porticato del Paradiso veniva utilizzato anche come luogo di vendita: sotto le sue volte trovano posto botteghe e banchi presso i quali venivano commerciati i generi più diversi. Il Paradiso antistante Santa Tecla era dunque contemporaneamente facciata della chiesa, luogo di sepoltura e luogo di mercato, secondo una commissione di funzioni tutt'altro che inusuale nel Medioevo. Banchi e botteghe si addossavano alla facciata della chiesa per tutta la sua lunghezza, lasciando liberi i soli accessi alle porte. Le botteghe erano prevalentemente costruite in legno, ed erano appoggiate, quando non strutturalmente connesse, a facciate contrafforti di santa Tecla, nei quali "infixa esse dicuntur nonnulla ligna dictarum apotecharum"[47]. Ancora una bottega risulta fosse provvista di ante di legno: "clauditur cum antis lignaminis"[48].

Il Paradiso costituiva quindi una discreta fonte di reddito per il capitolo: il piano superiore era adibito a locali di abitazione sia di canonici che di mercanti, e il portico attraverso il quale si accedeva alla chiesa era densamente parcellizzato in una complessa rete di livelli, locazioni e sublocazioni.

Quanto alla struttura delle botteghe in nessun documento si fa menzione di tamponamenti in muratura, esplicitamente

---

[47] 1471 agosto 16, *II.PP.A.B., Quattro Marie, cart. 338.*
[48] 1474 agosto 20, *ibid.*

proibiti, anzi, in alcuni contratti[49]: le costruzioni dovevano quindi essere realizzate in legno. Accadeva talvolta che i banchi di esposizione venissero collocati anche fuori dallo spazio coperto: in questo caso il capitolo concedeva che venissero realizzate delle tettoie di copertura agganciate alle volte del Paradiso talché i banchetti fossero riparati dall'acqua piovana diretta e da quella che poteva cadere dalla gronda del Paradiso stesso.

Come accennato, sotto il Paradiso venivano vendute le merci più diverse: alcuni mercati vi erano stabilmente attestati, di altri abbiamo notizie sporadiche. Una delle attività caratteristiche era la vendita di drappi di lana, berrette[50]e calzature[51], legata ad un generico esercizio dell'arte della

---

[49] Cfr. cap. 1.3.1 e, per es., gli atti 1454 aprile 27, *ASMi, Fondo di religione, cart. 189,* 1473 ottobre 2, *ibid. e ll. PP. A.B., Quattro Marie, cart. 355*

[50] 1433 maggio 22, *ASMi, Fondo notarile, cart. 321.* Per i drappi si vedano Mainoni, *La seta a Milano nel XV secolo aspetti economici e istituzionali,* in "Studi Storici" anno 35, 4, 1994, pp. 871-96, e, Frangioni, *Le merci in Lombardia. Produzioni artigianali di grande serie e produzioni pregiate in commercio in Lombardia,* a cura di G: Taborelli, I, Milano 1986, pp. 56-118f.

[51] La vendita delle calzature si trasferì qui dal contiguo Coperto dei Borsinari almeno entro il 1440 febbraio 23, *ASMi, Fondo notarile, cart. 570.* Si veda inoltre il livello *de Corbeta* in 1445, *ASMi, Fondo di religione, cart. 144, Ficta superstantiaria et expensse facte pro substantieria ecclese Sancte Tecle, f. 3 v.* Lo stesso sarto disponeva di un banco dal 1423, ma in quel caso non si fa esplicita menzione della vendita di calzature: 1423 ottobre 21, *ASMi, Fondo di religione, cart.189* (il nome del livellario oscilla tra Gaspare *Davia* e Gaspare *de Corbetta:* si tratta della stessa persona, uno degli appellativi era il cognome, l'altro faceva riferimento al luogo di provenienza). Ancora a proposito delle calzature, cfr. 1454 aprile 27; *ASMi. Fondo di religione, cart. 189,* 1512 marzo 17, *ibid;"*appotheca una a caligas seu a draparia cum bancho de antea pro taliando caligas" in 1489 luglio 27, *ll.PP.A.B., Quattro Marie, cart.355,* infine , 1521/23, *ll.PP.A.B. Quattro Marie, cart. 338, AFD, Archivio storico, cart, 28, f, 11,*

sartoria. La presenza di sarti nel Paradiso è attestata almeno dal 1346, quando abbiamo notizia di un banchetto da sarto situato sotto le scale che conducevano al piano superiore[52]. Erano considerati banchi da sarti quelli presso i quali si vendevano le calzature, i drappi di lana e le berrette: questi ultimi commerci, esercitati nel Paradiso in modo limitato nel Quattrocento.

Un altro mercato che possiamo definire, in alcuni periodi, caratteristico del Paradiso era quello della Pescheria Minuta, attestato sulla piazza su cui il portico si affacciava: per alcuni decenni i *piscatores* poterono disporre di metà Paradiso. Ne abbiamo notizia grazie ad una serie di strumenti notarili dal 1433 al 1472 che ci rendono noto che a quell'epoca i banchi di vendita della Pescheria insistevano anche sullo spazio coperto corrispondente alla metà meridionale del Paradiso [53], dalla porta centrale alla contrada dei Pellizzari.

Risulta infine che nel Paradiso si siano svolti ulteriori commerci, sebbene di minore rilievo.

È forse possibile che nel Trecento all'estremità sud del Paradiso, presso le scale, si sia commerciata la carne al minuto[54], mentre l'esercizio di tale mercato venne proibito entro i primi anni del Quattrocento.

---

come pure 1521 febbraio, *Annali della Fabbrica, vol. III, 215* e trascr. parziale in Monneret De Villard, cit.

[52] 1346 dicembre 10, ASMi, *Archivio diplomatico, Pergamene per fondi, cart. 377.*

[53] 1433 marzo 14, ASMi, *Fondo notarile, cart. 372,* 1433 marzo 15, ASMi, *Fondo di religione, cart. 189,* 1472 febbraio 27, *ibid.*

[54] 1346 dicembre 10, ASMi, *Archivio diplomatico, Pergamene per fondi, cart. 377:* sotto al Paradiso risulta sia esistita una *stricta becharie Laudensis* "ubi sunt scale per quas accessiatur super dicto pallatio dicte superstantie".

Presso il Paradiso sembra che si vendessero altri generi alimentari: legumi[55]nel trecento.

Sul lato nord di Santa Tecla, lungo il corso di porta orientale o *Carradizia,* correva la contrada dei Borsinari.

La contrada dei Borsinari prendeva nome dal *Coperto* medievale vi si vendevano borse e *bursini* (oltre a guanti e bottoni): esso era una struttura porticata appoggiata al muro della chiesa di Santa Tecla (sempre su suolo di proprietà ecclesiastica) e affacciata sulla *Carradizia,* che collegava la zona retrostante l'abside del Duomo al Broletto[56].

Il *Coperto* inizialmente era descritto come "cohopertum Sancte Tegle[57],"copertum Mediolani"[58] o semplicemente "copertum".

Una delle attività che si svolgevano sotto questo *Coperto* si trasferì entro la prima metà del Quattrocento presso il Paradiso si tratta del mercato delle calzature, che venivano inizialmente vendute nella parte più occidentale del *Coperto*

---

[55] 1374 dicembre 14, *ASMi, Archivio diplomatico, Pergamene per fondi, cart. 377.* Questi venditori di legumi risultano qualche decennio più tardi tra i livellari del Paradiso.

[56] La prima descrizione compiuta della *Carradizia* nei documenti esaminati risale al 1388 e cita "stratam publican qua itur a Compedo ad Brolletum novum cominis Mediolani" (1388 ottobre 10, *Annali del Fabbrica, app.I, 218* e AFD, *Archivio storico, cart. 192, 1-2.*Corso di porta Orientale come tale si trova solo nel 1457; "stratamsive cursum mastrum porte Horientalis Mediolan". Può essere interessante citare alcune denominazioni della stessa strada: *carraricia* in 1217 aprile 30, in *Gli atti del Comune di Milano nel secolo XIII.*

[57] 1176 febbraio 3, *ASMi, Fondo di religione, cart. 144;* 1201 dicembre 11, *ACM, Pergamene, C.5,79,* regesto in *ACM, Iura primicerii maioris, 1317.*

[58] 1363 settembre 2, *ASMi, Archivio diplomatico, Pergamene per fondi, cart. 377;* 171 ottobre 2, *ASMi, Fondo notarile, cart. 3;* 1402 gennaio 2, *ASMi, Fondo notarile, cart. 35.* Particolarmente chiara è la dizione"copertura Mediolani ubi venduntur tasche et borsini" in 1411 gennaio 2, *ASMi, Fondo notarile, cart. 150.*

dei Borsinari, al confine con il Paradiso e con la Polleria[59], fino all'angolo con la *Frixaria*[60].

A partire dalla metà del Trecento compaiono espressioni come "copertum ubi venduntur et alia marcimonia"[61], che si evolveranno dapprima in "copertum Borsinariorum"[62] e infine in "contrada Borsinariorum" dalla metà del Quattrocento in poi.

Tale contrada costituiva il confine nord della chiesa di Santa Tecla per tutta la sua lunghezza, e proprio questa descrizione pervenutaci attraverso le memorie della chiesa antica raccolte nel 1521, quando ormai tale muro non costituiva più la parte della chiesa ma quella del *Coperto* dei Figini (sono su parte del suolo un tempo occupato dalle navate nord della basilica)[63].

---

[59] 1381 agosto 6, *ASMi, Archivio diplomatico, Pergamene per fondi, cart. 377;* 1391 ottobre 19, *ibid.*

[60] 1425 aprile 27, *ASMi, fondo notarile, cart. 149.* La *Frixaria* era il mercato delle passamanerie, dei nastri e delle frange, cioè delle mercerie: cfr. Damiolini-Del Bo, *Turco Balbani e soci: interessi serici lucchesi a Milano.* pp. 977-1002, in "Studi Storici" anno 35, 4, 1994., Grillo, *Le origini della manifattura serica a Milano,* pp.897-916, in "Studi Storici", anno 35, 4, 1994., Mainoni, *La seta a Milano nel XV secolo aspetti economici e istituzionali,* pp. 871-96, anno 35, 4, 1994, SS. Si veda anche la definizione che ne dà la Santoro in nota a 1421 giugno 20, Santoro, *I registri dell'ufficio di Provvisione e dell'Ufficio dei Sindaci sotto la dominazione viscontea,* 1929. *16.63* (pizzi, nastri e altri ornamenti consimili).

[61] Per es. cfr. 1356 luglio 1, *Archivio diplomatico, Pergamene per fondi, cart. 377.*

[62] 1406 ottobre 3, *II.PP.A.B., Quattro Marie, cart. 147.*

[63] 1521/23, *II.PP.A.B., Quattro Marie, cart.338, AFD, Archivio storico, cart. 28, f. 11,* come pure 1521, *Annali della Fabbrica, vol. III, 215* e trascr. Parziale in Monneret De Villard, cit., Ada Grossi, *Santa Tecla nel Tardo Medioevo,* cit., p. 115,.Il Coperto sorgeva sullo spazio corrispondente alle navate laterali nord di Santa Tecla, ad una quota però più alta di quella

La contrada dei Borsinari (nel tratto dove si vendevano i bottoni) costituiva anche il confine nord del Paradiso: oltre quel punto, il corso di porta Orientale cambiava nome e specializzazione merceologica e si mutava in *Frixaria*.

Vale la pena di aprire una breve parentesi a questo proposito. Il prolungamento dei Borsinari verso Ovest correva lungo la Piazza della Polleria lambendo, le Drapperie, in direzione Del Broletto era denominata contrada della *Frixaria* si vendevano nastri, passamaneria, merceria. Quanto alla struttura di questa contrada sappiamo che era costituita da botteghe complesse, a più piani, munite di portici: "cum balconis duobus stationis duabus a platea et a lobiis"[64]. È pervenuta anche notizia di una grande bottega dotata di portici e di loggiati superiori che confinava con la strada, vale la pena di accennare al fatto che presso questo mercato, oltre alla *frixaria,* si vendevano formaggi e calzature[65].

Tornando alla contrada dei Borsinari. Oggetto della comune attività di mercato che in questa contrada si svolgeva, a parte le calzature che, come abbiamo visto, si trasferiscono nel XV secolo presso l'attiguo Paradiso, erano borse, borsini, cinture[66]; è pervenuta inoltre notizia di una bottega *draparie*[67].

---

del pavimento della chiesa, che non era stato adeguato alla crescita della città attraverso i secoli, Si rimanda alla trattazione relativa al Coperto dei Figini e alle fasi della sua costruzione.

[64] 1425 aprile 27, *ASMi, Fondo notarile, cart, 149.*

[65] In una bottega sita in questa contrada operava un "farmagiarius" in un altra un "calegarius"; cfr 1425 aprile 27, *ASMi Fondo notarile, cart. 149.*

[66] Tutti i documenti relativi agli spazi in questa contrada fanno riferimento alla vendita delle merci citate, in particolare modo dei *bursini,* dai quali la contrada prende il nome. Si confrontino i documenti a cui si fa riferimento nelle note successive.

[67] 1406 ottobre 3, *II.PP.A.B.., Quattro Marie cart. 147.* Il commercio dei

Le botteghe erano disposte l'una accanto all'altra, *affixe* senza soluzione di continuità nel muro stesso della chiesa: l'unica interruzione nella teoria delle botteghe era costituita naturalmente dal passaggio verso la porticina di Santa Tecla. Tali botteghe *a borsinaria* erano costruite sotto il *Coperto* sostenuto dalla parete di Santa Tecla dal Paradiso fino alla zona absidale. In alcuni casi gli spazi di vendita occupavano l'intera profondità del *Coperto* erano cioè costituiti da una bottega contro il muro della chiesa e da un banco per la vendita al pubblico.

Dopo la demolizione di Santa Tecla, avvenuta nel 1461 la parete nord della chiesa rimase in piedi proprio a causa della presenza delle molte botteghe, ed è probabile che fosse già nata l'idea di realizzare altre e meglio organizzate strutture (il futuro *Coperto* dei Figini) contro il lato interno di quella stessa parete[68].

Il *Coperto* dei Borsinari come struttura continua venne smantellato entro il 1496, quando venne redatto un contratto relativo alle due botteghe nei Borsinari, appoggiate all'ex muro della chiesa. Le botteghe continuarono insomma ad esistere, come in passato continuò ad essere esercitata la vendita dei borsini lungo tutto il muro nord di Santa Tecla.

Le stesse botteghe confermano tra l'altro la coincidenza perfetta tra il muro della chiesa e quello del *Coperto* dei Figini sorto entro i primissimi anni settanta del XV secolo: la coerenza sud era il "murus dicte ecclesie seu illorum de

---

drappi si svolgeva prevalentemente presso il Coperto delle Drapperie (cfr. cap. 2.3.4); va tuttavia ricordato che veniva esercitato anche in alcune botteghe sotto al Paradiso (cfr. cap. 2.2.1).

[68] 1472 maggio 24, *Annali della Fabbrica, vol. II, 276:* Pietro da Figino ottiene dai deputati della fabbrica del Duomo la concessione di costruire sullo spazio delle campate della vecchia Santa Tecla che andavano dalla porta dei Borsinari fino alla facciata della chiesa.

Figino"[69].

La ristrutturazione della contrada dei Borsinari e la rimozione della vecchia struttura porticata, sostituita da più solide botteghe, vennero effettuate nello stesso periodo in cui venne demolita la chiesa e costruito il *Coperto* dei Figini, nella prospettiva del conferimento di un maggior decoro alle costruzioni commerciali sulla piazza della Chiesa Maggiore. Lungo il lato sud di Santa Tecla (tra la chiesa e l'isolato noto come Rebecchino, in porta Romana) correva la contrada dei Pellizzari[70].

---

[69] Cfr. anche 1487 luglio 2, *ASMi, Fondo di religione, cart.155* (1522 agosto 19, *ibid.),* in cui venne chiaramente attestata la presenza di costruzioni oltre il vecchio muro della chiesa, che vanno identificate con il Coperto dei Figini. Ancora, botteghe *a borsinaria* confinano con i beni dei Figini in 1540 agosto 25, *II.PP.A.B., Quattro Marie, cart. 358.*

[70] "Contrada Pelizarie" (o "Pilizarie") e "contrata Pelizariorum" (o "Pilizariorum") sono le dizioni più frequenti nei documenti che verranno citati nelle note che seguono: da segnalare le varianti "contrata Piliazarie" (cfr.1443 giugno 5, *II.PP.A.B., Quattro Marie, cart. 147),* "strata Peliziariorum" (1459 gennaio 3, *II.PP.A.B., Quattro Marie, cart. 3559)* e "stricta Peliziariorum" (cfr. 1465 ottobre 29, *II.PP.A.B., Quattro Marie, cart. 154).* Ancora ricorre talvolta la semplice indicazione "in pelizariis" (1447 novembre 21, *II.PP.A.B., Quattro Marie, cart. 147; 1483 febbraio 22, ASMi, Fondo notarile, cart. 1557,* regesto in *AFD, Archivio storico, cart. 192, f. 190)* Il nome storico di "Pelizaria" o "Pilizaria" per riferirsi non solo al mercato ma fisicamente, alla contrada si può trovare in 1399 ottobre 5, *Annuali della Fabbrica del Duomo, app. I, 246-7;* 1411 novembre 27, *ASMi, Fondo di religione, cart. 144, Ficta superstantiaria et expensse facte pro substanteria ecclesie Sancte Tecle 1445, f. 1 v.;* 1454 aprile 27, *ASMi, Fondo di religione, cart. 189.* "Contrata seu stricta Pelizarie": 1446 ottobre 1, *ibid.* Va detto, per completezza, che ho registrato la dizione "strata publica que dicitur stricta Vayrariorum, usata in modo insolito, per indicare la contrada dei Pellizzari: non ci sono del resto dubbi che il riferimento sia ai Pellizzari e non al Vairati, poiché la bottega oggetto dell'investitura risulta prossima alla piazza dell'Arengo, in porta Romana e nella parrocchia di San Giovanni *ad Fontes* (1479

Essa era piuttosto angusta, stringendosi presso il Paradiso e la facciata di Santa Tecla fino a 3-3,5 m., mentre all'altro capo si allargava fino a 6-6,5 m., per poi sfociare nella piazza dell'Arengo[71].

La contrada era caratterizzata dalla vendita delle *pellizie,* ossia pelli di non elevato valore, in particolare pelli ovine; tale mercato si esercitava lungo tutta la via, dalla piazza della Polleria e della Pescheria Minuta fino all'angolo con la piazza dell'Arengo. Le uniche deroghe alla specializzazione funzionale della contrada sono attestate dalla presenza di scribi che redigevano suppliche a pagamento[72] e da quella di

---

agosto 21, *II.PP.A.B., Quattro Marie, cart, 154).*

[71] In particolare, l'ampiezza del punto più stretto della contrada dei Pellizzari, misurata sulla pianta ottenuta dalla sovrapposizione del rilievo archeologico alle piante mengoniane, coincide perfettamente con quella indicata nelle memorie della chiesa antica redatte nel XV secolo (5 o 6 br., come riferiscono i testimoni): si veda 1521/23, *II.PP.A.B., Quattro Marie, cart. 338, AFD, Archivio Storico, cart. 28, f. 11* come pure 1521 febbraio, *Annali della Fabbrica, vol, III, 215* e trascr. Parziale in Monneret De Villard, cit..Nello stesso punto in cui la contrada dei Pellizzari confluiva in piazza dell'Arengo, ivi sfociava anche la contrada di San Giovanni *ad Fontes,* presumibilmente la contrada di raccordo tra quella dei Borsinari e l'Arengo (1349 settembre 3, *ACM, Pergamene, B.9.82):* dopo la demolizione del battistero ottagonale, avvenuta nel 1387, lo slargo cosi creatosi perse quel nome.

[72] Si vede per es. 1442 giugno 21, *ASMi, Fondo di Religione, cart. 189* per lo scriba Luigi Pozzobonelli, "qui facit supplicationes super platea Arengi dicte vestre civitatis in caxelolo dicte ecclesie". In alcune botteghe di pellizzari, inoltre, si redigevano probabilmente suppliche scritte su pergamena: alcuni dei fornitori stessi di pelli ovine sembra fossero scribi, e offrivano questa prestazione inedita. Cfr. Grossi; il riferimento è ai seguenti atti: spazi *de Merate, de Figino e de Senis* in 1453, *ASMi, Fondo di religione, cart. 188, Fictabiles superstantiarie eccleste Sancte Tegle Mediolani, ff, 18 v., 18., 19 r., 19 v.;* spazi *de Figino e de Sentis* in 1454, *ibid., ff. 33 v., 34 r., 46 r..*

uno zavattaro nel punto in cui la contrada sfociava nella piazza[73].

Botteghe a *caseloli a pelizaria* si appoggiavano al muro perimetrale sud della chiesa come quelli *a borsinaria* al muro nord, ma l'organizzazione fisica del mercato dei Pellizzari si presenta meno strutturata rispetto a quella dei Borsinari. Se infatti la contrada dei Borsinari era costituita da un *Coperto* unitario sotto il quale trovano posto di continuità i diversi punti di vendita, le botteghe dei Pellizzari dovevano essere singole costruzioni indipendenti, salvo al transetto di Santa Tecla.

Le testimonianze raccolte intorno al 1521 attorno alla basilica di Santa Tecla attestano che la contrada dei Pellizzari fu distrutta in occasione della demolizione della stessa chiesa (avvenuta nel 1561-62). Dai documenti risulta invece che alcune strutture in quella contrada continuarono ad esistere ancora per qualche anno: la distruzione del muro sud della basilica risale infatti a cinque anni dopo le demolizioni generali[74].

Evidentemente tale parete era rimasta in piedi proprio per il suo stretto legame con le botteghe *a pilizaria,* che vi si appoggiavano. L'ultima citazione di edifici legati al mercato delle *pellizie* risale al 1483, ma si può immaginate che si faccia riferimento a strutture nuove, erette in sostituzione delle vecchie botteghe addossate alla chiesa: infatti, si fa uso di un termine particolare ("domus pelizariorum"), che non ricorre mai nei documenti di epoca precedente[75].

---

[73] 1433 giugno 18, *II.PP.A.B., Quattro Marie, cart. 355,* in cui si descrive una bottega confinante con "locus vacuus ubi solobat stari unus zavatarius (cfr. Glossario).

[74] 1466 aprile 5, *Annali dells Fabbrica, vol. II. 242;* 1466 aprile 8, *ibid.*

[75] 1483 febbraio 25, *ASMi, Fondo notarile, cart. 1557.*

Al contrario di quello della contrada dei Borsinari, il toponimo di contrada dei Pellizzari non resistette a lungo, poiché l'abbattimento del muro perimetrale sud di Santa Tecla era venuta meno la delimitazione della stessa contrada: le ultime citazioni risalgono agli anni novanta del quattrocento[76].

La Milano tardo-medievale aveva due pescherie. La Pescheria Minuta e la Pescheria Grossa, localizzate rispettivamente presso la chiesa di Santa Tecla e presso il Broletto, l'una su una piazza di proprietà ecclesiastica, l'altra su suolo comunale. Il primo elemento da sottolineare è che i nomi delle due Pescherie riflettono la specializzazione di ciascuna: nel mercato presso Santa Tecla venivano venduti esclusivamente gamberi di fiume e pesciolini, mentre in quella vicina al Broletto si commerciavano i pesci di taglia più grossa.

L'esistenza di due pescherie, che vedremo attestate stabilmente sempre sugli stessi spazi fino alla scomparsa del mercato del pesce (almeno di quello fresco) dalla piazza del Duomo (a metà del XVI secolo) è testimoniata dai documenti a partire dal XIII secolo; la diversa specializzazione dei due mercati è invece ecclesiastica attestata con certezza solo dal XV secolo, anche se diversi elementi fanno ragionevolmente pensare che tale specializzazione rispecchiasse una realtà consolidata nel tempo.

La configurazione del mercato del pesce in città non è descritta in modo diretto dalle poche fonti a disposizione. L'unica notizia indiretta, è quella contenuta nella cronaca di

---

[76] 1492 ottobre 19 *ASMi, Fondo notarile, cart. 189,* 1496 novembre 15, *AFD, Archivio storico, cart. 192 senza numero, tra 249 e 250 e Annali della Fabbrica III, 97,* Ancora nel 1528 si parla di una *platea Pellizariorum:* cfr. 1528 novembre 20, *ASMi Fondo di religione, cart.b1 189.*

Galvano Fiamma, che, trattando della costruzione del Broletto nuovo nel 1288, narra di una pescheria al di là della porta del Pesce del Broletto stesso: "Quarta dicitur porta Orientalis sive poeta Sancti Ambroxii (...) dicitur etiam porta Piscium, quia sunt nundine piscium"[77]. È quindi questa data a cui far risalire, al più tardi, l'esistenza della Pescheria Grossa. Per quanto il passo riportato non autorizzi affatto a ritenere che quella presso il Broletto fosse l'unica pescheria, fu proprio questa l'interpretazione che ne diedero il Giulini e Monneret de Villard, l'esistenza del mercato del pesce minuto era naturalmente nota a tutti gli studiosi, ma si riteneva che avesse luogo nella stessa sede del pesce grosso[78].

Si può invece dimostrare, attraverso documenti, che nel 1288, al momento della comparsa (almeno nelle fonti) della pescheria presso il Broletto, quella di Santa Tecla esisteva già. La prima fonte medievale che attesta la presenza di una qualche pescheria milanese è un atto del 1177 citato da Giulini, redatto appunto "in pescaria Mediolani"[79].

---

[77] Gualvanei Flammae *Chronicon extravagans* (cfr. trascr. in Ceruti, *Chronicon extravaganz et Chronicon ab Antonio Ceruti nunc primo edita*, in *Miscellanea di Storia Italiana*, pp.439-784, VII, Stamperia Reale, Torino 1869., cit. anche in Giulini, cit., IV, p. 313. La menzione della porta del pesce e di un suo progettato collegamento viario con Santa Tecla compare in Corio, *Historia continente l'origine di Milano*, Mediolani apud Alexandrum Minutianum, 1627 (1° ed. per G.M. Bonelli, Venezia 1554)., cit, in Colombo, *La Topografia di Milano Medioevale*, pp. 294-335, in "Archivio Storico Lombardo", s. VIII, 87, 1960.

[78] Giulini, cit., IV, p. 313; Monneret De Villard, cit., p. 8: egli fa coincidere esplicitamente la Pescheria Minuta con quella Vecchia (cioè la Grossa) presso il Broletto.

[79] Cfr. Giulini, cit., III, p. 771, che cita un documento del 1177 novembre 24 conservato allora nell'Archivio di Monza.

È ragionevole immaginare che fino al Duecento possa essere esistita un'unica pescheria, su suolo di proprietà della Chiesa Ambrosiana, e, che lo sdoppiamento del mercato del pesce sia da far risalire all'epoca della costruzione del Broletto nuovo, cioè al tempo del massimo splendore comunale.

È noto che la localizzazione del Broletto di Milano costituisce un caso esemplare in cui la sede del potere comunale si dispone in aperta contrapposizione alla sede del potere ecclesiastico. Se alle proprietà ecclesiastiche era legato l'importantissimo mercato del pesce, attestato davanti alla Cattedrale *aestiva,* è plausibile che il comune abbia provveduto ad imporre un proprio angolo mercato, attestato similmente davanti al Broletto.

La contrapposizione tra Chiesa e Comune avrebbe così avuto riflesso anche nella giurisdizione di un mercato vitale come quello del pesce.

Non ci sono elementi sufficienti per stabilire se le due pescherie abbiano avuto sin da principio la specializzazione in pesce grosso e pesce piccolo o se ci sia stato un periodo iniziale di transizione in cui le due pescherie vendevano entrambe ogni qualità di pesce. Sembra tuttavia che la specializzazione di quella ecclesiastica in pesce minuto e gamberi e quello comunale in pesce grosso debba essersi stabilizzata entro la fine del XIII secolo. Infatti, Bonvesin de la Riva, narrando del commercio del pesce a Milano, indica separatamente le quantità di pesce grosso e di pesce piccolo che venivano portate giornalmente in città, suggerendo quindi che afferissero già allora a due differenti mercati: "plures vero quatuor sumis piscium grossorum recentium, plures vero quatuor sextariis minutorum (...) ad civitem nostram quotidie afferuntur[80].

---

[80] Bonvesin de La Riva, *De Magnalibus Urbi Mediolani,* IV, 12., a cura di F.

La Pescheria Minuta era localizzata sulla piazza antistante la chiesa e il Paradiso di Santa Tecla, sede che divise dalla fine del XIV secolo fino a quasi tutto il XV.

Alcuni documenti dimostrano che tale pescheria aveva già sede su questa stessa piazza in epoca anteriore al XIV secolo, prima cioè di essere individuata come Pescheria Minuta.

Un libretto di memorie trecentesco ci informa infatti che nel 1321 e nel 1330 i canonici di Santa Tecla investirono i *piscatores* della "platea que est ante fatiem ecclesie"[81] Per dimostrare che la pescheria in oggetto è la Pescheria Minuta, è sufficiente citare un documento del 1349 in cui i pescatori pagano il canone per la pescheria "que est ante dictam ecclesiam": la pescheria è la stessa di cui si scrive nel 1321 e nel 1330 (infatti il canone di pagamento è identico) e viene descritta a ovest del Paradiso[82].

Il primo atto di investitura della Pescheria Minuta ove si vendevano i gamberi, attestata ormai solo sulla metà della piazza antistante il Paradiso è del 1429, e ne abbiamo notizia grazie al libro di conti dell'anno successivo[83]. È importante aggiungere che la stessa fonte che attesta il pagamento del fitto per la Pescheria Minuta nel 1430 ci informa che la presenza di tale mercato davanti alla chiesa deriva da una lunga e antica consuetudine, confermata da numerosi documenti allora conservati nell'archivio della sacrestia di

---

Novati in "Bullettino dell'Istituto Storico Italiano", Roma 1898.

[81] 1312/1338, *ASMi, Fondo di religione, cart.144, Antique memorie rerum capituli Sante Tecle Mediolani.* Si noti che la seconda investitura segue la prima di nova anni, il periodo di scadenza più comune delle locazioni.

[82] 1349 settembre 3, *ACM, Pergamene, B.9.82.* Trattandosi del Paradiso si scrive "cui est (...) a sero pischaria".

[83] *Rubrica mei presbiteri Beltramini de Caxate canonici ecclesie Sancte Tegle capituli suprascripte ecclesie Sancte Tegle,* trascr. Parziale in Beltrami, *Note di Topografia dell'antico Centro di Milano,* cit., p. 17.

Santa Tecla; con ogni probabilità, tra questi anche quelli trecenteschi.

In seguito, la pescheria si sarebbe ampliata all'intera piazza antistante il Paradiso, esclusi gli spazi coperti dalle volte dello stesso, e avrebbe perduto la specializzazione merceologica in solo pesci minuti e gamberi, tra la fine del XV secolo e l'inizio del XVI alcuni *piscatores de grosso* trasferirono la propria attività commerciale presso gli spazi dell'antica Pescheria Minuta, attraverso un processo che portò la pescheria del capitolo di Santa Tecla ad essere di nuovo la sola pescheria di Milano come era stata fino al Duecento.

La Pescheria Grossa di ragione pubblica, avrebbe infatti cessato le proprie funzioni di mercato entro i primi anni del Cinquecento, tanto da mutare il proprio nome in Pescheria Vecchia[84], in ricordo del mercato non più esistente.

b) Il *Coperto* delle Drapperie

Dirimpetto al Paradiso, in direzione ovest, si attestava una compatta serie di costruzioni che ospitavano numerose botteghe di drappi: la cortina di edifici separava la piazza della Pescheria Minuta dalla Pescheria Grossa, per tutta la sua lunghezza, cioè dalla contrada dei Borsinari a quella del Rebecchino (immediatamente a sud dei Pellizzari). Tali botteghe costituivano il profilo a est verso Santa Tecla, dell'isolato irregolare che sarebbe rimasto fino all'Ottocento a sud della contrada della Pescheria Vecchia, tra il Broletto e Coperto dei Figini.

È possibile ricostruire la topografia delle drapperie grazie a una serie di documenti che trattano dei beni e delle botteghe delle famiglie dei *de la Curte, de Surigonibus, de Gallarate,*

---

[84] In seguito, il nome di Pescheria Vecchia avrebbe contraddistinto l'antica contrada della *Frixaria,* che lambiva a nord il luogo del mercato della Pescheria Grossa (Giulini, cit., IV, p. 313).

de Blassono e *de Lomeno,* che occupavano, da nord a sud, l'intero lato est (quello verso Santa Tecla) dell'isolato trapezoidale tra il *Coperto* dei Figini e Broletto. I documenti forniscono in modo abbastanza preciso la localizzazione di alcune botteghe citate.

Come accennato, da alcuni elementi contenuti nei documenti è possibile ricostruire la topografia delle Drapperie. La prima bottega di drappi si trova all'angolo tra la *Frixaria* (il prolungamento della contrada dei Borsinari versi il Broletto) e la piazza della Polleria antistante Santa Tecla[85]: i *de la Curte* disponevano di due botteghe, l'una da *frixarius* (venditori di nastri e passamanerie)[86].

---

[85] 1398 settembre 16, Osio, *Documenti diplomatici milanesi,* I, *CCXXVII.* Milano 1864. Si vedano inoltre 1406 aprile 19, *II.PP.A.B., Quattro Marie, cart. 148;* 1413 luglio 3, Santoro, cit., 1929,6,278. *De la Curte,* supplicando l'Ufficio di Provvisione di concedergli la facoltà di eseguire alcune migliorie alle botteghe, promise di non arrecare disturbo al regolare svolgimento delle attività di mercato del pollame, che aveva luogo proprio davanti al portico della sua bottega di drappi. Nel documento del 1406, infatti, i beni di *de la Curte* risultano confinare direttamente con la "platea pollrie". Sui *de la Curte* si veda Grillo, *Le origini della manifattura serafica in Milano (1400-1450).* cit. pp.901-2.

[86] La professione di venditore di drappi e di *frixarius* spesso competeva alle stesse persone: oltre ai *de la Curte* (cfr. i parenti *frixarii* anche in 1445 luglio 15, *II.PP.A.B., Quattro Marie, cart. 148,* 1445 novembre 29, *ibid.;* 1451 aprile 6, *ibid,* si vedano i *de Blassono* (1431 ottobre 29, *ASMi, Fondo notarile, cart. 372,* 1440 aprile 23, Osio, *Documenti diplomatici milanesi,* cit., III, *CCIX*). Quanto alla definizione di *frixarius,* egli era un venditore di passamaneria e nastri: si confronti la definizione che ne dà la Santoro in nota a 1421 giugno 20, in Santoro, cit., 1929; *16.63 (*pizzi, nastri e altri ornamenti consimili) e si vedano Damiolini-Del Bo, *Turco Balbani e soci: interessi serici lucchesi a Milano,* cit., Grillo, *Le origini della manifattura serica in Milano,* cit. e Mainoni, *La seta a Milano nel XV secolo aspetti economici e istituzionali,* cit., 1994, SS. Ai venditori di drappi competeva spesso anche la vendita di berrette di lana (1480 giugno 19, *ASMi, Fondo notarile, cart. 1847);* a questo proposito vanno citati anche i *de Brissio,* che vendevano drappi e berrette di lana presso il Paradiso (per es. si veda 1433 maggio 22, *ASMi, Fondo notarile, cart. 321*). Ancora sui drappi di lana si vedano Mainoni, *Il mercato della lana a*

Oltre la bottega di drappi di *de la Curte,* c'erano le botteghe dei *de Surigonibus.*

Con queste confinavano, ancora quelle dei *de Gallarate,* la cui posizione era esattamente di fronte alla porta centrale di Santa Tecla.

Le botteghe porticate delle Drapperie costituivano sicuramente un *Coperto* continuo, che pare lecito battezzare *Coperto* delle Drapperie. A confronto della denominazione proposta si rammenta innanzitutto segnalare che una delle botteghe di drappi, quella dei *de Blassono* in Porta Romana, viene esplicitamente descritta "subtus copertum Mediolani"[87]. Va ricordato che *copertum Mediolani* è un'espressione che da sola non è sufficiente a identificare nessun luogo in particolare. Essa fu utilizzata per far riferimento a più di una struttura importante: *copertum Mediolani porte Horientalis parochie Sancte Tegle* era per esempio il modo di individuare il *Coperto* dei Borsinari[88], mentre analoga dizione, invece alla giurisdizione di Porta Romana, indicava le Drapperie.

Quanto alle caratteristiche fisiche delle numerose botteghe di drappi, sappiamo che quella di *de la Curte,* alla fine del trecento, aveva portici di legno, che il mercante stesso auspicava di poter sostituire con più solide volte di pietra[89]: egli inoltre desiderava provvedere ad un sopralzo della bottega di drappi per raggiungere la bottega del vicino *de*

Milano dal XIV al XV secolo. Prime indagini, in "Archivio Storico Lombardo" 1984 e Frangioni, *Le merci in Lombardia. Produzioni artigianali di grande serie e produzione pregiate* in *Commercio in Lombardia,* a cura di G. Taborelli, I, Milano 1986, pp. 56-118.

[87] 1431 ottobre 29, *ASMi, Fondo notarile, cart. 372.*

[88] 1402 gennaio 2, *ASMi, Fondo notarile, cart. 35.*

[89] 1398 settembre 16, Osio, I, *CCXXVII, Documenti diplomatici milanese,* Milano 1864. Si veda inoltre 1413 luglio 3, Santoro, 1929, *6.278.*

Surigonibus.

Molto interessante la descrizione della grande bottega dei *de Blassono*[90]: essa era dotata di un portico a volte (sostenuto da pilastri in pietra) affacciato sulla piazza, di una corte retrostante (su cui si affacciava una finestra della bottega stessa), e aveva anche un piano superiore. La bottega era provvista di alti armadi chiusi da ante munite di serrature, di tavole e banchi per l'esposizione dei drappi e di uno scrittoio. Sono descritte anche due *monstre,* sorta di scaffalature da esposizione.

Altre botteghe situate sotto questo *Coperto,* ci sono note solo attraverso la coerenza di altre drapperie.

c) Il confine delle proprietà ecclesiastiche

Appare importante individuare il confine preciso della proprietà ecclesiastica in direzione del Broletto: si può facilmente dimostrare che tale limite era segnato proprio dalla costruzione delle botteghe dei drappi, cioè dal filo est dell'isolato trapezoidale sopravvissuto fino all'Ottocento tra il *Coperto* dei Figini e Broletto. Infatti, come testimoniano le numerose investiture fatte dal capitolo di Santa Tecla, gli spazi sulla piazza della Polleria e della Pescheria Minuta erano di spettanza ecclesiastica, mentre le Drapperie che vi si affacciavano sorgevano su suolo comunale, tanto che le estremità settentrionale e meridionale delle Drapperie (le due botteghe di testata *de la Curte e de Lomeno*) costituivano i vertici equidistanti dal centro (il Broletto), di un poligono ideale che determinava l'area immediatamente esterna al Broletto stesso[91].

---

[90] 1431 ottobre 29, *ASMi, Fondo notarile, cart. 372.*
[91] Cfr. per es. 1413 luglio 3, Santoro, *6.278.* 1421 giugno 20, *I registri dell'I Ufficio di Provvisione e dell'Ufficio dei Sindaci sotto la dominazione viscontea,* Milano 1929 Santoro, *16.63, I Registri dell'Ufficio di*

Tale poligono era diviso in sei spicchi (a volte solo in cinque)[92] corrispondenti alle sei porte in cui Milano era divisa giurisdizionalmente: la prima Drapperia a nord costituiva il vertice corrispondente a porta Orientale, la prima a sud quello di porta Romana.

Sulla piazza della Polleria e della Pescheria Minuta, lungo il *Coperto* delle Drapperie, correva un'importante arteria di traffico (probabilmente derivata da un precedente tracciato romano) che collegava l'asse di penetrazione al centro a sud (l'asse di porta Ticinese) a quello proveniente da nord-est (l'asse di porta orientale).

Deve essere sottolineato che il sedime stradale in questione, parte della piazza, era di proprietà ecclesiastica. Si tratta di una circostanza interessante, poiché significa che il confine della proprietà della Chiesa si estendeva quasi 7 m. A ovest di qualsiasi rinvenimento archeologico relazionabile a Santa Tecla (oltre cioè il muro romano a 14.10 m. dalla facciata, presumibilmente perimetro del nartece paleo-cristiano). In conclusione sembrerebbe che il tracciato stradale che correva lungo il presunto nartece paleo-cristiano sia stato in qualche modo inglobato nei suoli di proprietà ecclesiastica; tuttavia non sembra ci siano elementi sufficienti per formulare ipotesi circa i tempi, le motivazioni e la modalità di tale processo.

III. Coperto dei Figini e la Piazza del Duomo
a) La piazza del Duomo

Per comprendere i fatti relativi alla demolizione della Basilica di Santa Tecla e all'utilizzazione della piazza, è opportuno riassumere brevemente la vicenda e le funzioni che hanno

---

Provvisione e dell'Ufficio dei Sindaci sotto la dominazione viscontea, cit..

[92] In alcuni casi la porta del Broletto verso porta Romana e quella verso porte Ticinese venivano contate assieme.

caratterizzato lo spazio della odierna piazza del Duomo[93] nel corso dei secoli.

Nell'ambito dei primi insediamenti romani quest'area risultava esterna al *castrum*. Nel III secolo, al tempo dell'imperatore Massimiliano, secondo le ipotesi di ricostruzione dell'assetto della città, essa risulta interna alle mura, ma in posizione eccentrica, a oriente del cuore della città, costituito dal Foro. La piazza cominciò ad acquistare importanza solo con la prima cristianità, quando assurse a centro religioso della città, ruolo che avrebbe conservato per tutto il Medioevo e oltre. La presenza del complesso episcopale – la grande *basilica maior* del VI secolo e la *vetus*, esistente già ai tempi di Ambrogio, ricostruita nel IX – e quella dei due battisteri (di cui quello di San Giovanni alle Fonti situato presso l'abside di Santa Tecla e questo direttamente collegato), hanno conferito a questo luogo caratteristiche eccezionali.

Nell'alto medioevo, pur avendo perduto il carattere di capitale che le era staro proprio in epoca costantiniana, al consolidarsi appunto dell'assetto dell'area legata alle cattedrali, Milano era rimasta sede dell'episcopato, allo sfasciarsi dell'impero carolingio. Aveva assunto una notevolissima autorità morale e, di fatto, anche il potere civile. Il nuovo centro della città fu sede di scambi e traffici

---

[93] La bibliografia circa la storia di piazza del duomo è molto vasta: si citano qui solo alcuni saggi di carattere generale, Grandi; *Le trasformazioni di Piazza del Duomo nella storia*, in *Piazza del Duomo a Milano*, Mazzotta Milano 1982, pp. 24-86, Rossi, *Il Duomo e la Piazza nel Quattrocento*, in *Piazza del Duomo e dintorni*, in "Arte Lombarda", n. 72, 1985 pp. 9-17, Patetta, *L'architettura del quattrocento a Milano*, pp.31-47 e 252-59, CLUP Milano 1987, David, voce *Piazza del Duomo, Milano* in *Dizionario della chiesa ambrosiana*, V, NED, Milano 1993, pp. 3641-44.

commerciali molto vivi almeno fin dal X secolo[94], inizialmente attestati presso gli spazi tra le due basiliche e le strette contrade circostanti.

Qui trovano sede elementi emblematici della città che andarono in seguito perduti: il Giulini narra che nel 1162, a seguito delle distruzioni operate dal Barbarossa, vennero distrutti il palazzo del Broletto vecchio e il grande campanile, un imponente torre, che la leggenda vuole di strabiliante altezza e dominante la città, costruita probabilmente presso lo spigolo nord-ovest di Santa Maria Maggiore, tra le due basiliche.

Nel XIV secolo la torre da poco ricostruita con dovizia di mezzi da Azzone Visconti, che vi intese funzioni simboliche ornandola di vessilli e liberando il suo intorno, rovinò; crollando, arrecò gravi danni alla chiesa di Santa Maria. Proprio tale evento (avvenuto tra il 1352 e il 1354) pare possa essere considerato lo spunto che diede inizio al più importante progetto di una nuova cattedrale, preannunziando cosi le complesse vicende quattrocentesche della piazza.

Il 1386 è l'anno indicato da una lapide all'interno del Duomo come data della sua fondazione; l'iniziativa della costruzione della nuova cattedrale di Milano è forse la più importante tra quelle da ascriversi all'epoca di Gian Galeazzo Visconti.

Il Duomo nacque come *opus amplissimum et templum immensum,* voluto sia dal potere politico che dalla comunità, e sorse sulla stessa area su cui sorgeva l'antica Santa Maria Maggiore, danneggiata come abbiamo visto e poi inglobata nel cantiere della nuova cattedrale.

---

[94] Ennen, p.79 che cita il diploma di Ottone I del 952 in cui descrive il *mercatus publicus* di Milano (MGH tomus I, Hannover 1879-84, n. 145, pp. 225-6); cap. 2.1, *Storia della città medievale,* Laterza, Bari 1975.

La vastità e la pregnanza della concezione sottesa alla costruzione del Duomo determinano la demolizione di parte del tessuto cittadino, e ad esse furono sacrificate le vestigia delle due antiche cattedrali e dei due battisteri. Il tempio di Maria Nascente costituiva il fulcro della città: era l'elemento principe di strutturazione urbanistica e simbolica del centro di Milano[95].

Il dibattito sulla piazza non poté che intrecciarsi con quello relativo al tiburio del Duomo, alla ricerca del cuore simbolico di Milano, visibile dalla città ma anche dalla piazza stessa. Il tema della piazza rinascimentale dovette certo ispirare le demolizioni realizzate per costruire lo spazio antistante la nuova cattedrale: la concezione della piazza sarebbe secondo alcuni addirittura farsi risalire alla Sforzinda di Filarete, personaggio appartenente alla cerchia degli intellettuali che gravitava attorno al duca[96].

Le prime demolizioni che la costruzione del Duomo richiese interessarono gli spazi dietro l'abside, ove furono demolite fin dal 1394 le case arcivescovili per la fondazione del Camposanto, poi non compiuto secondo il modello iniziale[97]. Nello spazio antistante il cantiere del Duomo era stato invece

---

[95] Tale ruolo doveva essersi certo consolidato anche in seguito alla consacrazione dell'altare maggiore, avvenuta nel 1418 per opera di Martino V, che celebrò a Milano ancora prima di tornare a Roma dopo l'elezione di Costanza, a seguito della ricomposizione dello scisma d'Occidente.

[96] La piazza centrale prevista dal Filarete risulta tuttavia di dimensioni più che doppie rispetto a quelle della piazza dell'Arengo ricavata dalla demolizione di Santa Tecla. La piazza filaretiana doveva essere di 150 x 300 br., mentre quella dell'Arengo poteva arrivare a poco più della metà di una tale estensione, e ciò nella migliore delle ipotesi, cioè misurando dalla fronte del Duomo alla Pescheria Grossa. Ada Grossi, *Santa Tecla nel Tardo Medioevo, cit.*, p. 110.

[97] 1394 gennaio 25, *Annali della Fabbrica, vol. 1, 108.*

demolito il battistero di San Giovanni *ad Fontes*, tra Santa Tecla e il Duomo in costruzione, mentre nel 1456 fu posta una colonna per segnalare il punto ove avrebbe dovuto arrivare in futuro la facciata del Duomo; sempre più incisivi si fecero quindi in quel periodo gli interventi ducali mirati a liberare gli spazi attorno alla cattedrale.

Nel Luglio del 1458, in seguito ad una supplica del duca di Milano, il pontefice Pio II accordò la demolizione dell'antica basilica di Santa Tecla allo scopo di realizzare nella piazza antistante la nuova Chiesa Maggiore. Alla base della decisione del duca di far demolire Santa Tecla era una concezione tipicamente rinascimentale di grandiosità e di affermazione del potere; tali intendimenti erano sostenuti dalla Fabbrica del Duomo, cui premeva preservare lo spazio su cui espandere la costruzione del Duomo e la relativa piazza. Inoltre, la tradizione della cattedrale doppia costituiva un retaggio medievale ben lontano dalle concezioni di Quattro e Cinquecento: costruito l'unico Duomo, la presenza di Santa Tecla era ritenuta inutile e ingombrante[98].

La risoluzione del duca e dei fabbricieri era avversata da prevosto, canonici e parrocchiani di Santa Tecla, oltre ai migliori sentimenti di devozione religiosa verso l'antica basilica, il capitolo di Santa Tecla aveva ottime ragioni anche di ordine economico per non voler rinunciare alla propria chiesa. Il suolo su cui insistevano le attività di mercato addossate tutt'intorno alla chiesa era di proprietà del capitolo; in secondo luogo il capitolo non voleva perdere le rendite derivanti dalle numerose cappelle.[99]

---

[98] 1458 luglio 13, *Annali della Fabbrica, vol. II,* 1458 novembre 11, *ibid., 185,* bolla di Pio II.

[99] Ada Grossi, *Santa Tecla nel Tardo Medioevo,* cit., p. 110.

Nel dicembre del 1458, a pochi mesi dalla bolla che autorizzava la demolizione, il capitolo di Santa Tecla ottenne una proroga[100]. All'inizio del 1460 il consiglio generale della Fabbrica incaricò delle persone di fiducia di presiedere alla demolizione della chiesa di Santa Tecla, autorizzandole a compiere le spese necessarie[101]. Nella primavera del 1461 l'Arcivescovo con un decreto di demolizione emesso in esecuzione di una bolla di Pio II di qualche mese prima, ufficializza l'unione del capitolo dell'antica chiesa a quella del Duomo e ordinava il trasporto delle reliquie[102].

Il capitolo di Santa Tecla, ormai unito a quello Metropolitano, aveva ottenuto nel frattempo dai duchi la promessa che si costruisse un altare dedicato a Santa Tecla in Duomo per ospitare la preziosissima reliquia del Santo Chiodo, fino ad allora conservata nella basilica antica.

Le opere di demolizione iniziarono sollecitamente fin dalla fine di aprile alcuni fabbriceri vennero incaricati di assistervi[103], e abbiamo notizia dell'assunzione di ventiquattro *laboratores.*

Ogni decisione importante veniva presa in concerto con il duca che intervenne anche per la demolizione dell'abside, alle quali erano addossate due botteghe e una casa. Compiute le opere di demolizione, il sedime occupato da

---

[100] 1458 dicembre 18, *ASMi, Fondo di religione, cart, 209 bis. Repertorio d'archivio regesti.*

[101] 1460 febbraio 24, *Annali della fabbrica, vol. II, 198.*

[102] 1461 marzo 3, *ACM, Pergamene, B.15.147; AFD, Archivio storico, cart. 28, f. 2 e Annali della Fabbrica, vol II, 25:* ivi cita la bolla *data* a Mantova, 1459 ottobre 1.

[103] 1461 aprile 27, *Annali della Fabbrica, vol. II, 209:* Antonio Confalonieri, Ardizzo Crivelli e Gaspare de' Visconti: la retribuzione loro spettante fu stabilita in ragione di 4 fiorini al mese.

Santa Tecla era rimasto sgombro[104]: restavano in piedi il Paradiso della chiesa, il muro nord (cui si addossavano le botteghe dei Borsinari e che sarebbe stato utilizzato per costruire il *Coperto* dei Figini).

L'evento più importante nell'economia della realizzazione della piazza del Duomo fu senz'altro il sacrificio della chiesa di Santa Tecla, deciso sin dal 1458, allo scopo di liberare il vastissimo spazio su cui questa sorgeva; la demolizione avvenne nel 1461-62 sotto gli auspici di Francesco Sforza e della Fabbrica del Duomo, uniti dal comune desiderio di una grande piazza davanti alla Chiesa Maggiore.

Ciò che rimase di Santa Tecla sopravvisse solo perché legato ai mercati: il Paradiso resistette per circa un secolo in virtù della persistenza delle attività che ospitava, e il muro nord della chiesa, scampato alla distruzione grazie alle botteghe dei Borsinari che ad esso si appoggiavano, venne progressivamente inglobato nella struttura del *Coperto* dei Figini. Né il vasto spazio immediatamente prospiciente il Duomo, scomparsa Santa Tecla, venne organizzato scenograficamente e stilisticamente come fosse convenuto ad una tipica piazza del Rinascimento, rimanendo al contrario occupato da intere file di botteghe ameno per tutto il Seicento.

In conclusione, nonostante i profondi sconvolgimenti apportati al centro medievale, costituito da una congerie di botteghe più o meno disordinate, il carattere dominate della piazza del Duomo continuò ad essere segnato proprio dalla valenza commerciale (affiancata in seguito da quella

---

[104] Una delle dizioni più ricorrenti per indicare questo spazio, oltre al generico *platea Sancte Tegle*, è "locum ubi alias erat ecclesia Sancte Tegle": cfr., uno per tutti, 1473 ottobre 2, *ASMi, Fondo di religione, cart. 189 e II.PP.A.B., Quattro Marie, cart. 355*.

celebrativa), soffocando, almeno in parte, la funzione di simbolo e immagine di Milano.

b) Il Coperto dei Figini[105]

Coperto dei Figini è il nome che designò per secoli la lunga costruzione porticata a più piani. Esso ha costituito la quinta settentrionale della grande piazza della Chiesa Maggiore dalla seconda metà del Quattrocento fino al 1864, anno in cui venne demolito l'ultimo tratto del *Coperto*. Gradualmente, dagli anni Settanta del XV secolo alla metà del cinquecento, esso raggiunse le dimensioni che avrebbe mantenuto nel corso dei secoli successivi; forme quattrocentesche mutarono invece a causa di rifacimenti dei piani superiori, che cancellarono i caratteri architettonici tipici dell'opera originaria, attribuibili nel complesso a Guiniforte Solari[106]

Nel 1472 su parte dell'area demolita basilica di Santa Tecla sorse il *Coperto* dei Figini. Due documenti ci indicano la spesa prevista, il nome del committente e quello del progettista-costruttore. Il primo (senza data, ma forse del 1469[107]) era il

---

[105] Si veda Tavole 3, 4,5,6 e 7 delle Illustrazioni.

[106] La paternità della costruzione (o meglio del coordinamento di essa) si desume da vari elementi: Guiniforte campare come ingeniere addetto alla realizzazione del tratto di porticato costruito da Pietro da Figino (1472 maggio 21, *Annali della Fabbrica, vol.II, 276:*"ad laudam domini Boniforti de Sollario"), poi a quella del tratto della Fabbrica del Duomo (1478 gennaio 18, *ibid., 299,* 1478 giugno 30, *ASMi, Fondo notarile, cart. 1552,* regesto in *AFD, Archivio storico, cart. 192, f. 92;* 1479 gennaio 21, *Annali della Fabbrica, Vol. II, 273).*

[107] La data del 1469 è indicata da U. Monneret de Villard (cit., 4) e da L. Beltrami (cit., 436) senza spiegazioni: forse essi fanno riferimento al documento senza data che però dovrebbe precedere (forse di qualche anno) quello del 1472, L. Patetta, *L'architettura del Quattrocento a Milano,* cit., p. 255.

programma e la petizione ai deputati della Fabbrica del Duomo: *"Dixit narravit et exposuit q. Dominus Petrus Figinus ut ipse mag. Giunifortus ingegnavil quomodo super ipsis bonis heddifficari facere deberet; deliberans ipse dominus petrus in heddifitiis et melioramentis huiusmodi expendere usque ad predictam summam libr. 1000 imp..."*[108]. (Il documento menziona l'assenso ducale e l'impegno a costruire un edificio *"sumptuosum et magnificum"*, tale dunque da *"honorare plateam"*). Il secondo (del 21 maggio 1472) era l'autorizzazione dei deputati della Fabbrica perché *"dominus Petrus possit firei facere... voltam unam et super ipsam heddifficari facere ad laudem domini Boniforti de Sollario"*[109]. Vi si aggiunge che il committente era tenuto a fare *"quid vouisset, predictus d. Bonifortus de Sollario"*, il che fa pensare che il progetto fosse già preparato.

Pietro Figino era un gentiluomo lombardo, la cui famiglia era importante in città da due secoli; egli abitava presso Santa Tecla e ivi possedeva alcune case[110]: evidentemente intendeva ampliare questi suoi possedimenti e potenziare l'attività commerciale.

Quanto alle attività di commercio che si svolgevano nelle botteghe sotto al *Coperto* dei Figini, i documenti pervenuti dall'epoca di inizio della costruzione alla metà del

---

[108] *Annali della Fabbrica,* cit., II, 276, 24 Maggio 1472. Cfr. M. Caffi, *Artisti lombardi del secolo XV. I Solari* in ASL, 1878, pp. 661-693.

[109] *Annali della Fabbrica,* cit., II, 276: 21 Maggio 1472. la iscrizione *"Johanes de Figini"* era scolpita nel capitelo della quarta colonna del portico, demolito tra il 1860 e il 1864, cfr. V. Forcella, 1889, X, 47.L. Patetta *L'architettura del quattrocento,* p. 255, CLUP, Milano 1987.

[110] Notizie sui Figini, rogito notarile del 1470 *"Jo. Petrus Figinus habitans Par. e S.cte Tegle",* Iscrizione sotto il portico e sua errata interpretazione, in Luca Beltrami, *Note di Topografia dell'Antico Centri di Milano,* cit., p. 11.

Cinquecento (limite cronologico di questo studio) sono piuttosto avari di notizie. I pur scarsi elementi a questo proposito consentono comunque di asserire che il *Coperto* non aveva vocazione merceologica dominante. All'estremità est, verso il Duomo, risulta si vendesse giubbe[111], come pure "guanti stringhe e corregie" tipiche dell'*ars borsinaria* contigua ("ars borsinariorum et chirotecarum, coregiarum")[112], "mercantia de seda, cioè scufiotti et frisarie"[113].

Dell'esistenza di cantine, è nota, una "cela vinaria"[114] sempre all'estremità ovest. Numerosi documenti attestano la presenza di una bottega *a barbaria*[115], si ha notizia dell'esercizio della "arsrallarum"[116].

c) Il problema tipologico

Secondo Bonvesin de la Riva a Milano nel XIII secolo c'erano 60 *Coperti*, secondo il Fiamma addirittura 70. (Ma la quantità sembrano molto esagerate, come d'altronde lo è in Bonvesin la "lettura" della perfetta rotondità di Milano[117]). È probabile

---

[111] 1557 marzo 29, *Il.PP.A.B., Quattro Marie, cart. 358.*

[112] 1540 febbraio 5, *Il.PP.A.B., Quattro Marie, cart. 358, Chirotece e corrigie* erano rispettivamente guanti e cinture.

[113] 1556 febbraio 10, *Il.PP.A.B., Quattro Marie, cart. 358.* Per queste merci cfr. Damiolini-Del Bo, *Turco Balbiani e soci; interessi serici lucchesi a Milano,* cit., pp. 977-1002, Grillo, *Le origini della manifattura serafica in Milano (1400-1450), cit.,* pp. 897-916 e Mainoni, *La seta a Milano nel XV secolo: aspetti economici e istituzionali, cit.,* pp. 871-96., Bortolotti, *Merci,* commercio, mercanti a Milano alla fine del' 400, in *Ludovico il Moro. La sua città e la sua corte (1480-1499),* ed. a cura dell'Archivio di Stato di Milano, New Press, Como 1993, pp. 153-608.

[114] 1542 giugno 13, *Il.PP.A.B., Quattro Marie, cart. 358.*

[115] 1486 maggio 13, *Il.PP.A.B., Quattro Marie cart. 338.*

[116] 1545 gennaio 31, *Il.PP.A.B., Quattro Marie, cart, 358.* Le *ralle* erano vesti pregiate, cfr. Forcellini, *Totius Latinitatis lexicon.*

[117] Bonvesin de la Riva, *De Magnalibus Mediolani,* ed. a cura di M. Corti,

comunque che questi autori comprendessero nel conteggio tutti i portici, i narteci, le tettoie, le logge della città.

Ma stando ai documenti, il termine di *Coperto* era riferito solo ad alcuni dei numerosi spazi porticati, raggruppabili in due categorie: i portici pubblici del Broletto Nuovo, del Palazzo della Ragione e del suo intorno, chiusi in parte da cancelli, e destinati ai *banchi* di cambio dei notai, ai poteri giurisdizionali e amministrativi (portici dei quali era preclusa l'occupazione, ed anche l'affitto, per usi commerciali); i coperti privati, semplici tettoie sostenute da 4, 6 o 8 pilastri, *"per li gentilhomini"* sui cui *siti* di proprietà sorgevano, e che dipendevano dai *vicini* (parrocchiani)[118].

Destinati in origine solo alla sosta, alla ricreazione, al gioco degli scacchi ecc, questi coperti privati si erano col tempo ingombrati di botteghe posticce, di banche commerciali, con precari sopralzi (lignei) per solai e magazzini[119]. Nel 400 i coperti di S. Vittore, di S. Sebastiano, di S. Marcellino, quello dei Baroni, dei Priora, degli Zavattari, di S. Fedele, dei Castano, dei Campi, dei Giordani non solo dovevano aver perduto gran parte dell'originaria funzione, ma essersi

---

1974 cap. II, 11,39. G. Fiamma, *Historia Mediolanensis,* ed. 1972, tomo XI.

[118] Per i coperti cfr. rimandi a ASM, atti del XIII-XIV secolo, in P. Ghinzoni, *Di alcuni antichi coperti ossia portici in Milano,* in ASL, 1, 1892. Una multa di *"cento lire di terzuoli"* era fissata per chi ingombrasse il coperto del Broletto che doveva restare libero per conversare e passeggiare; E. Verga, P. Bellini, *La camera dei Mercanti,* Milano 1914, 184, e 196. Destinazione delle piazzette nobiliari (con coperti), in G. Giulini, *Memorie spettanti alla storia del governo ed alla descrizione della città e della campagna di Milano nei secoli bassi.,* parte VIII, libro I. VIII, pag. 394, 1855 Milano stamperia di G.B. Bianchi.

[119] Cfr. ad esempio, il coperto antico di Santa Tecla ASM, F. R., p.a. cart. 149; 17 Ott. 1417, costruzione di solai sopra i portici

ridotti in fatiscenza[120]. Sappiamo che quello dei Medici (*"sopra il Carubio de Porta Ticinexe)* era *"derelicto, pieno di ogni immundia et speluncha di assasini, con grandissimi fetori in grande obprobrio della cità"* e che in quello che veniva chiamato *Copertum baronum..."seues et canes quottidie habitant"*. Non sorprende che Ludovico il Moro li elencasse, insieme a pontili, *lobbie et baltresche,* fra gli elementi di ingombro di cui occorreva liberare la città affinché fosse più bella e pulita, e vi si circolasse meglio. Significativa in questa fase di decadenza e di necessaria trasformazione dei coperti è la disputa (protrattasi dal 1476 al 1481) fra un cittadino che, entrato in possesso di un *Coperto* presso S. Sisto, intendeva *"serare et fare in botteghe, et edificare in caxamenti"*, e numerosi gentiluomini della contrada (nomi fra i più importanti della città) che volevano che venisse mantenuto aperto, per la sua tradizionale utilità e con il suo uso tradizionale. Ed è anche significativo che siano prevalse le ragioni e i motivi del proprietario e che i periti della commissione ducale (fra cui Giovanni Solari) non solo non avessero dubbi sul diritto e l'opportunità del "rinnovamento", ma fecero dipendere la concessione delle opere edilizie dalla sistemazione (a spese del proprietario) del fondo stradale prospiciente e dello scolo delle acque.

---

[120] M. Caffi, *Artisti Lombardi del secolo XV, I Solari,* in "Archivio Storico Lombardo", 1842, 82: il coperto di S. Vittore era in Porta Romana, quello dei Baroni in S. Giovanni in Conca, quello dei Campi presso la Pescheria, quello dei Giordani in contrada dei Vajrari, presso il Broletto. Cfr. Puricelli, *Dissertazione Nazariana,* Fol. 358; P. Ghinzoni, cit. il coperto della Priora era presso il Broletto; quello degli Zavattari esisteva dal 1376 (cfr. ASL, 1892, 356n.) si parla di *"contrada del sottocoperto"* (presso le Vetere) e di *"copertum S. Tegle, Di alcuni antichi coperti ossia Portici in Milano,* in "Archivio Storico Lombardo".

Il *Coperto* dei Figini può essere considerato come la prima e più importante soluzione tipologica a queste nuove esigenze funzionali: al piano terreno esso consisteva in un lungo portico che si sviluppava dinnanzi ad una serie di botteghe fisse e in muratura; di sopra, non più le *"stanze in solario"* o *"solaria"*, bensì due piani di locali destinati ad alloggio per i commercianti e a integrazione delle loro botteghe. (Tipologia ricorrente nella città antica, ma che non risultava affatto nel passato prossimo di Milano). Ma se la costruzione del *Coperto* dei Figini può essere connessa, per la tipologia della trasformazione (e forse anche allo sviluppo quantitativo) delle attività commerciali, la sua localizzazione nella città va vista in rapporto alle complesse vicende quattrocentesche dello spazio urbano prospiciente il cantiere del Duomo.

Si intendeva infatti dare la dimensione, il respiro, la forma di piazza a un luogo urbano dove fino ad allora erano esistiti solo alcuni angusti spazi: lo *Spatio terrae vachuae"* presso Santa Tecla, la *"Platea Arengi"*, e la *"patea piscaria"*[121].

Dal 1452 erano ingegneri della Fabbrica del Duomo il Filarete e Giovanni Solari (che lavorava al prolungamento del capocroce verso la futura facciata) ed è probabile che siano stati tra i sostenitori di questa esigenza. Il Solari, si era già occupato nel 1451 di problemi urbani.

Dare al Duomo in costruzione una facciata, se pur provvisoria, fu l'atto conclusivo di una lunga serie di iniziative per la creazione di una piazza, anzi della piazza principale della città.

---

[121] Cfr. *Annali della Fabbrica*, 1887, 1, Appendice, 246 e seg.; 11, 210, Archivio Fabbrica del Duomo, par. 3°, 16; cfr. U. Monneret de Villard, *L'Antica basilica di S. Tecla in Milano*, in ASL, 1917, indice dei documenti 12 e seg.

d) Le Fasi della Costruzione del Coperto dei Figini

La fase 1

La prima menzione dell'edificio I, costruito da Pietro da Figino, appare nei documenti solo nel 1472, ma probabilmente l'inizio delle opere risale a qualche anno addietro Beltrami indica l'anno 1469, senza citarne la fonte[122], mentre notizie tratte dagli *Annali della Fabbrica del Duomo* fanno presumere una datazione ancora precedente. Innanzi tutto è utile notare che sin dal principio nell'estate del 1464 i deputati della Fabbrica inoltrarono solleciti perché si deliberasse relativamente all'ultimazione degli spazi su cui era insito Santa Tecla. Subito dopo vennero date disposizioni perché si costruissero su almeno due lati della piazza delle volte (a crociera) e case a più piani e ampiezza degne della fama di Milano. La fretta, sottesa alla riorganizzazione della piazza, in realtà non deriva che dalla prospettiva di incrementare l'attività commerciale della piazza del Duomo e, di conseguenza i redditi della Fabbrica, che ne avrebbe percepito discreti canoni e livelli grazie alle costruzioni previste: Il *Coperto* dei Figini è quindi probabilmente da intendersi iniziato sotto questi auspici, mentre sul lato meridionale della piazza, che secondo la citata deliberazione della Fabbrica avrebbe dovuto ospitare analoga struttura, non vi si costruì mai nulla.

Al di là di queste dichiarazioni d'intenti da parte della Fabbrica, peraltro piuttosto generiche, esiste un documento che farebbe effettivamente pensare che i lavori di costruzione del Portico dei Figini abbiano avuto inizio nel 1467, anticipando così di due anni la datazione proposta dal Beltrami.

---

[122] Beltrami, *Note di Topografia dell'Antico Centro di Milano, cit.* p. 11.

Nella primavera del 1467 risulta infatti il pagamento di alcuni operai che avevano spianato di terra sul sedime di Santa Tecla, da un pilastro non meglio identificato fino al muro del Paradiso dove operavano i calzolai[123].

Il livellamento della piazza veniva eseguito dopo che gli stessi operai avevano provveduto ad estrarre i "piedi dei pilastri" e a liberarsi dei mattoni risultanti dalla demolizione: Le botteghe dei calzolai, come si evince dai numerosi documenti esaminati, si attestavano soprattutto nella parte nord del Paradiso, appoggiate alla facciata della vecchia Santa Tecla: è molto facile quindi identificare lo spazio in questione con quello su cui di lì a poco sarebbe sorto il Portico dei Figini. Se in marzo lo spazio corrispondente alle navate settentrionali della chiesa demolita veniva spianato, è ragionevole pensare che già allora si progettasse di edificarvi sopra, e che quindi, presumibilmente, il portico dei Figini sia stato iniziato entro la fine dell'anno 1467.

Alla fine della primavera del 1472 il tratto del *Coperto* realizzato da Pietro Figino, probabilmente iniziato da ovest (cioè dal Paradiso), costituiva ormai una struttura ben definita. A quell'epoca risale infatti la costruzione dell'ultima campata prima del transetto della vecchia chiesa (sfruttando il robusto muro del transetto stesso) in corrispondenza dell'apertura laterale di Santa Tecla verso la contrada dei Borsinari (alla condizione che tale passaggio venisse lasciato sempre libero al piano terreno, per il pubblico transito)[124]. Figino disponeva quindi di tutto lo spazio corrispondente alle navate settentrionali di Santa Tecla del Paradiso fino al transetto e si apprestava a locare il *Coperto* così ottenuto.

---

[123] 1467 marzo 10, *Annali della Fabbrica, vol. II, 258.*
[124] 1472 maggio 21, *Annali della Fabbrica, vol. II, 276.*

Col tempo la Famiglia Figino provvede ad ampliare il numero delle proprie botteghe espandendosi anche nel portico che la Fabbrica stava realizzando a est. A partire dal 1476, Figino risultava livellario (inizialmente per procura) della prima campata ovest del portico della Fabbrica (campata contigua al portico da lui realizzato) al di là del passaggio coperto verso i Borsinari[125].

Di tale campata il Figino risulta invece personalmente investito tre anni dopo[126], mentre l'anno successivo ne avrebbe ottenuto il dominio.[127]

---

[125] 1476 agosto 20, *AFD, Archivio storico, cart. 192, f. 12.*

[126] 1479 dicembre 22, *ASMi; Fondo notarile, cart. 1555* regesto in *AFD, Archivio storico, cart. 192, f. 133*

[127] 1480 febbraio 29, *ASMi, Fondo notarile, cart. 1555,* regesto in *AFD, Archivio storico, cart. 192, f. 143.* A proposito di Pietro Figino e dei rapporti tra la sua costruzione e la piazza, è interessante notare che egli era anche un deputato della Fabbrica, e come tale tentò di correggere in proprio favore alcune iniziative della stessa, quando queste non coincidevano con i suoi interessi. Deputato della Veneranda Fabbrica, egli avversava la massiccia opera di locazione degli spazi rimasti liberi su piazza Santa Tecla che, come abbiamo già visto, la Fabbrica stava conducendo: a dimostrare la sua volontà di mantenere una posizione privilegiata rispetto ai mercanti indipendenti, che non potevano o non volevano prendere in subaffitto una delle sue botteghe, sollecitava alla fine del 1478 la rimozione dei caselli d'asse su piazza Santa Tecla, che, se per la Fabbrica costituivano una discreta fonte di reddito, per Figino rappresentavano la concorrenza (1478 novembre 4, *Annali della Fabbrica ,vol. II, 304)*). Fu Figino, ancora, in virtù della sua influenza e a salvaguardia dei suoi interessi, a lamentarsi del cattivo stato di un pozzo sulla piazza, del cui restauro fu poi incaricato di provvedere a sue spese (1481 aprile 5, *Annali della Fabbrica, vol. III, 4);* deve trattarsi dello stesso pozzo per cui la costruzione vennero pagati Nicola da Lugano e socio tre mesi dopo, "proapothecis Fabrice venerabilis Ecclesia Maioris" (1481 giugno 26, *Annali della Fabbrica, vol. III 7).*

La fase II

Nell'intervallo di tempo che intercorre tra la demolizione di Santa Tecla (1461-62) e il 1478 (contemporaneamente quindi alla costruzione dell'edificio I di Figino) il mercante Simone Ledesmo (o *de Lesmo*) utilizzò i muri di parte del transetto della vecchia chiesa e l'intera cappella di San Martino per realizzare un edificio di diversi piani, alto quasi 20 m.: la considerevole altezza si spiega con la riutilizzazione di alcune strutture superstiti della demolita basilica.

Dell'edificio costruito da Ledesmo (II), costruito, prima di quello della Fabbrica (III), a est di quest'ultimo, non vi è se non un'unica menzione indiretta negli *Annali,* insufficiente per una ricostruzione o una sua precisa localizzazione. Si è potuto però reperire importanti tracce di questo edificio in alcuni documenti inediti, da cui risulta inequivocabilmente che la costruzione sfruttava i muri della cappella di San Martino della vecchia chiesa e parte del transetto.[128]

Il documento che fornisce le notizie più interessanti, è la controversia tra il citato Simone Ledesmo e la Fabbrica del Duomo e consiste nel fatto che quest'ultima aveva fatto costruire un edificio (la quarta campata est dell'edificio III) addossato a quello del Ledesmo già esistente (II). Guiniforte Solari (a cui erano stati affidati compiti di supervisione) venne consultato per stimare l'indennizzo da versare al Ledesmo; proprio grazie a tale stima, poiché l'edificio II si rivolgeva verso ovest, è possibile dimostrare che esso era

---

[128] La posizione dell'edificio del Ledesmo risulta molto chiara leggendo il contenuto dei seguenti atti: 1478 gennaio 22, *ASMi, Fondo notarile, cart. 1552,* regesto in *AFD, Archivio storico, cart.192, f. 61* (ove si tratta delle botteghe costruite tra l'edificio di Figino e quello di Ledesmo), 1478 agosto 8, *ASMi, Fondo notarile, cart. 1552* (ancora a proposito delle stesse botteghe), Grossi, *Santa Tecla nel tardo Medioevo,* cit. p. 122.

stato costruito sfruttando la cappella di San Martino e un tratto di transetto. L'oggetto del contendere era il muro che occupava quasi tutto lo spazio a disposizione di Ledesmo, corrispondente alla profondità delle ultime due navate nord della chiesa di Santa Tecla.[129]

Le fasi III e IV
Abbiamo notizia di una concessione ducale del 1471 con cui i deputati della Fabbrica ottennero di poter comperare dal prevosto di Santa Tecla alcune case sulla piazza (poco solide e provvisorie strutture porticate, costruite dal capitolo forse subito dopo la demolizione della chiesa) allo scopo di ristrutturare tali edifici e i contigui portici per realizzarvi delle botteghe adeguate[130].
L'obbiettivo, dichiarato espressamente, era quello di dare una nuova dignità alla piazza adeguando spazi sporchi e mal gestiti dal capitolo di Santa Tecla e di portare nuovi redditi alla Fabbrica.
Nel 1476 la ristrutturazione doveva essere a buon punto: Proprio a quell'anno risale la notizia di una procura di Pietro Figino ai cognati perché la Fabbrica concedesse loro il livello sulla prima delle nuove botteghe (III) contigue all'edificio di Figino[131].
I lavori furono affidati ancora una volta a Guiniforte Solari, ingegnere della Fabbrica: in particolare egli, insieme ad alcuni deputati, nel 1478 ricevette l'incarico di verificare alcune spese relative al perfezionamento della nuova

---

[129] Grossi, *Santa Tecla nel Tardo Medioevo,* cit. p.123.
[130] 1471 settembre 30, *Annali della Fabbrica, Vol. II, 273;* 1471 settembre 30, *ASMi, Fondo di religione, cart. 209 bis, Reperto d'archivio, regesti:* la transazione avvenne tra il capitolo di Santa Tecla e i deputati della Fabbrica, che ottennero la concessione ducale.
[131] 1476 agosto 20, *Archivio storico, cart. 192, f. 12.*

costruzione che doveva essere completata con balconi e finestre[132]. Tale costruzione era dotata sia di piani superiori che di cantine[133]; è assai probabile che le cantine sfruttassero in parte gli spazi dell'antica basilica, il cui pavimento si trovava ad una quota inferiore a quello della piazza.

Nella primavera del 1478, come risulta da vari documenti[134], l'edificio III era costituito da quattro botteghe situate tra quelle già realizzate da Figino (I) e quelle di Ledesmo (II).

A partire da queste quattro botteghe (III)la Fabbrica procedette ad un ampliamento verso est inglobando quelle di Ledesmo (II), da cui vennero ricavate campate: ancora più a est, verso il Duomo, ne venne realizzata un'ultima (IV), fino a raggiungere in quella direzione l'ingombro definitivo del *Coperto*.

Nel gennaio del 1479 l'edificio doveva essere terminato, se Guiniforte Solari doveva controllare i conti presentati al *magister* Giovanni Carcani circa i lavori ivi eseguiti[135]; Carcani era probabilmente uno dei *magister lignerie* della Fabbrica a cui

---

[132] 1478 gennaio 18, *Annali della Fabbrica, Vol. II, 299.*

[133] 1478 gennaio 22, ASMi, *Fondo notarile, cart. 1552,* regesto in *AFD, Archivio storico, cart. 192, f. 61;* 1478 agosto 1, *Annali della Fabbrica, vol. II, 303;* 1478 agosto 8, ASMi, *Fondo notarile, cart. 1552,* regesto in *AFD, Archivio storico, cart. 192, f. 95.*

[134] 1478 gennaio 22, ASMi, *Fondo notarile, cart. 1552,* regesto in *AFD, Archivio storico, cart. 192, f. 61;* 1478 aprile 14, ASMi, *Fondo notarile, cart. 1552,* regesto in *AFD, Archivio storico, cart. 192, f. 78.* Una delle botteghe in agosto risulta non essere ancora terminata (1478 agosto 1, *Annali della fabbrica, vol. II, 303).* Il gestore di questa bottega viene indicato per i successivi nove anni in Stefano Figino, che si sarebbe accollato le spese dei perfezionamenti: questo dato potrebbe essere inteso come l'inizio della fase al termine della quale la ricca famiglia di mercanti si sarebbe appropriata dell'intero stabile. Grossi, *Santa Tecla nel Tardo Medioevo,* cit. p. 124.

[135] 1479 gennaio 21, *Annali della Fabbrica, vol. II. 306.*

erano state commissionate alcune opere di ultimazione della costruzione[136].

Nel XVI secolo, ormai, l'intera costruzione porticata doveva essere nota come *Coperto* dei Figini, anche se le fonti sembra non consentano di stabilire esattamente da quando e a quale titolo. Abbiamo notizia, entro la prima metà del secolo, della locazione da parte della Fabbrica di tre botteghe, contrassegnate con le lettere dell'alfabeto (era abitudine della Fabbrica di contrassegnare con le lettere dell'alfabeto ciascuna delle botteghe costruite) e quindi corrispondenti ad alcune delle nuove da essa stessa in precedenza costruite, che vengono descritte come sottostanti al "Portico detto dei Figini", dizione che per sineddoche indicava ormai l'intera costruzione[137].

IV. Pietro da Figino

La famiglia Figino era annoverata tra quelle nobili di Milano e l'abate A. Basilicapietra del 1600 la ricorda e ne ricerca le origini in pagine attestanti la sua discendenza da secoli remoti[138].

Galvano Fiamma nel Libro IX, al capitolo 439 dei suoi "Annali" assicura che questa famiglia (quella dei Figino) era vigente fin dall'anno 497[139].

---

[136] Cfr. 1478 gennaio 18, *Annali della Fabbrica, vol. II, 299.*

[137] 1516 luglio 14, *Annali della Fabbrica, vol. III, 182*; 1525 aprile 6, *Annali della Fabbrica, vol. III. 231*; 1532 aprile 6, *Annali della Fabbrica, vol. III, 231, Quattro Marie, cart. 338.* Grossi, *Santa Tecla nel Tardo Medioevo,* cit. p. 127.

[138] A. Basilicapietra: "De actibus nobilium familiarum mediolanensium pag. 1665", Lorenzo Marzorati. *Quel borgo, Notizie storiche sull'origine e sviluppo di Figino Serenza, paese della Brianza occidentale,* Saronno, Scuola Grafica Padre Monti, 1975, p. 219.

[139] Lorenzo Marzorati, *Quel borgo, Notizie storiche sull'origine e sviluppo di Figino Serenza, paese della Brianza occidentale,* cit., p. 219.

Il passo sempre riportato dal Basilicapietra cita i motivi per cui merita la lode la famiglia Figino.

In primo luogo si ricordano i vantaggi arrecati alla Chiesa Ambrosiana e alla Diocesi di Milano: dall'Archivio della Chiesa Maggiore in Milano si apprende che questa famiglia è elencata nel numero di quelle nobili. Astolfo Figino è presentato come membro tra i cortigiani di Galeazzo Visconti, duca di Milano, come si legge nel libro, dell'anno 1395 fino all'anno 1408.[140]

In secondo luogo l'Autore, dopo aver ricordato la presenza della famiglia Figino tra i nobili milanesi, elenca i motivi più specifici e giustificanti della nobiltà.

Della famiglia Figino emerge una personalità: Pietro Figino. Non posso stabilire l'anno della nascita perché nessun documento riporta simile particolare e nemmeno posso indicare la scuola la formazione in cui è cresciuto Pietro Figino. Al massimo si può tentare di formulare un'ipotesi sulla sua posizione e sulla sua carriera nella città di Milano. Era un nobile che apparteneva alla cerchia dei sostenitori della famiglia Visconti e faceva pure parte della particolare cerchia di persone addette al decoro del Duomo di Milano, note nel linguaggio comune con la dicitura "Venerabile Fabbrica"[141].

Pietro Figino appare nella Storia di Milano ormai già adulto, con una posizione sicura ed una carriera certa, tale da essere giudicato: "nobilis vir civis Mediolani" (nobile cittadino di Milano)[142].

---

[140] A. Basilicapietra: "De actibus nobilium familiarum mediolanensium", Lorenzo Marzorati, *Notizie storiche sull'origine e sviluppo di Figino Serenza, paese della Brianza occidentale,* cit., p. 220.
[141] *ibid,* p. 221.
[142] *ibid,* p. 221.

La sua comparsa nella storia di Milano è legata alla sistemazione della piazza del Duomo. Era stata inoltre domandata a Roma la possibilità per l'abbattimento dei vari edifici sacri, ma non era ancora arrivata la risposta al momento in cui il Duca decide di procedere alla riorganizzazione del complesso. La risposta sicura arriverà il 28 gennaio 1459[143].

Prima ancora di procedere a tale opera di abbattimento, si pensa di sistemare la piazza con un edificio: non disprezzabile, ma decoroso e splendido in modo tale che sia stimato moltissimo e renda onore alla stessa piazza soprattutto perché quello spazio è prospiciente l'abitazione dell'illustrissimo Duca[144]. La soluzione migliore che appare in quel momento per l'abbellimento della piazza del Duomo è la costruzione di un *"Coperto"*.

A Pietro Figino fu affidato l'incarico di condurre i lavori, per questo fatto, passò alla storia come Architetto, come se avesse ideato e poi patrocinato la costruzione. Ma questo è errato, Pietro Figino è un nobile cittadino milanese che riceve l'incarico dalle massime autorità interessate alla sistemazione della piazza del Duomo, la Fabbrica del Duomo e la Corte ducale, di affidare il compito a chi riteneva opportuno perché tale costruzione fosse condotta nel migliore dei modi. Il 21 maggio fu tenuta una seduta dei membri milanesi per decidere definitivamente la sistemazione della piazza.

Condotte le dovute indagini sul Sig. Pietro Figino da Figino, conclusero e stabilirono che il sopraddetto Pietro possa ordinare che sia costruito sopra il passaggio attraverso il

---

[143] 1459 gennaio 28, *Annali della Fabbrica, vol. II, 190.*
[144] Lorenzo Marzorati, *Quel borgo. Notizie storiche sull'origine e sviluppo di Figini Serenza, paese della Brianza Occidentale,* cit., p. 221.

quale si va da piazza Santa Tecla alla strada dei Borsinari (attuale Via dei Mercanti) un *Coperto* da una volta sola, sopra la quale possa ancora costruire per merito del maestro Guiniforte da Solaro, però questo patto a condizione che, terminata la costruzione, il Sig. Pietro sia tenuto a fare, così aveva promesso, tutto ciò che avesse voluto Anselmo da Bussero e l'altro tra i deputati l'eletto proposto e il sopraddetto Maestro Guiniforte da Solaro o almeno due tra i tre eletti e quelli che per volontà del Sig. Pietro Figino elessero per condurre a termine l'opera e a cui promisero di ubbidire: firmato Galeazzo Capra, Giacomo da Robecchio e Anselmo da Bussero[145].

Dalla lettura di questo resoconto appare chiara l'intenzione di affidare a Pietro la direzione, ma ad un altro la progettazione. Significativo a tal proposito è la citazione del nome Guiniforte da Solaro, l'architetto- presidente della Fabbrica del Duomo sotto la cui direzione è avvenuta l'erezione del *Coperto* in piazza del Duomo.

Da un altro documento sempre legato al medesimo argomento, è possibile ricavare la notizia che lo studio e la direzione dei lavori fu opera del Guiniforte da Solaro e che Pietro Figino fu il patrocinatore della costruzione e il sovvenzionatore delle diverse spese. Infatti esplicitamente è detto: per *magistrum* Guinofortum e poi usata l'espressione: *fieri facere* in cui Pietro Figino appare come mandante ed espositore della propria idea e della personale volontà, ma ad un altro spetta l'esecuzione reale[146].

La figura di Pietro da Figino non assume l'aspetto di dirigente

---

[145] *Archivio Storico Lombardo,* anno 1878, Tomo II, p. 684, Lorenzo Marzorati, *Quel borgo, notizie storiche sull'origine e sviluppo di Figino Serenza, paese della Brianza Occidentale,* cit., p. 225.
[146] *Archivio Storico Lombardo,* anno V, 1878, Tomo II, p. 683.

di secondo grado perché è quello che prima fornisce le dovute cifre per il pagamento e poi per il versamento del canone di affitto dell'area alla Venerabile Fabbrica del Duomo.

In una lettera di Pietro Figino, scritta da Venezia il 29 agosto 1476, appare la sua preoccupazione per tale onere. Pietro da Figino costituisce suoi procuratori alcuni gentiluomini milanesi allo scopo di perfezionare un contratto di acquisto sulla Piazza del Duomo in prossimità della sua casa. La lettera sopra citata inizia:

Nel nome di Cristo, Amen! Nell'anno 1476 dalla sua natività, nel giorno 20 Agosto davanti allo studio del mio notaio in piazza San Marco a Venezia, alla presenza dei testi qui infrascritti appositamente chiamati. Essendo stata affidata al Nobile Signore Pietro da Figino, una volta padrone della contrada di San Giuliano a Venezia, nei giorni antecedenti nella città di Milano dai deputati della Veneranda Fabbrica del Duomo della grande città, la costruzione di un Portico da una volta sola sullo spazio della terra libera e sul passaggio dalla piazza vicino all'abitazione del detto Pietro in ragione di 14 Fiorini da versare ogni anno da Pietro da Figino alla detta Fabbrica con il patto di voler francare le suddette cose con il denaro in uno spazio di tempo, come appare dalle cedole e dal contratto: sul suo stesso fondo il Sig. Pietro Figino deve fabbricare o far fabbricare e da qui il citato signor Pietro da Figino costituì nel migliore dei modi, in via legale e in forma e procedimento giuridico i rispettabili signori Stefano da Dugnano e Saturnio de`Villani, suoi cognati, e la saggia persona signor Bernardo da Dugnano, figlio dell' egregio e rispettabile signor dottor Branda, suoi legittimi procuratori per compiere in forma speciale, ma legale a loro nome un investimento pecuniario sul fondo e le cose e sostanze ricordate in tutti i modi consentiti, per tutti gli scopi opportuni, come ampiamente è menzionato nelle dette carte, nelle ricordate delibere e nei patti stabiliti e che è tenuto ad interessarsi per la tenuta e la reale gestione dei medesimi, assicurando la reale e certa possessione per mezzo dei sopraddetti membri stabiliti con l'obbligo di tutti i loro beni mobili ed immobili, presenti e futuri.

Io Battista di Merate, figlio di Bartolomeo di Cittadella pubblico notaio autorizzato dalla nomina imperiale richiesto, redassi e con il sigillo autorizzai[147].

Se può essere sicuro il finanziamento della costruzione del *Coperto* di Milano, rimane qualche incertezza sulla data inizio lavori. Per risolvere tale dubbio facciamo riferimento all'iscrizione posta sul *Coperto* a opera ultimata.

TE DEUM LAUDAMUS
HANC DOMUM POSUIT PETRUS FIGINUS
LAUDA FLORENTIS PATRIE
TUOQUE ANGUIFER DUCTUS GALEAZ HONORE
MAXIME PRINCPES

Traduzione:

Ti lodiamo, o Dio!
Pietro Figino, eresse questo caseggiato
animato dalla gloria per la patria prospera
e dal desiderio del tuo onore, o Galeazzo,
portatore di buoni auspici,
grande duca e signore !

---

[147] Dall' *Archivio della Venerabile Fabbrica del Duomo di Milano*, Lorenzo Marzorati, *Quel borgo, Notizie storiche sull'origine e sviluppo di Figino Serenza, paese della Brianza Occidentale*, cit., p. 232.

Nell'iscrizione è introdotto il nome di "Galeazzo, maxime princeps". Il titolo di "princeps" esprime il fatto che la costruzione patrocinata da Pietro Figino era stata voluta da Gian Galeazzo "princeps" "cioè signore e duca della città".
Vi è pero incertezza nell'assegnazione precisa di questo fatto. Il dubbio nasce dal motivo che i documenti antichi, in stretta relazione con il *"Coperto"* del Figino portano solo il nome di Gian Galeazzo ed Isabella, senza assegnare altre specificazioni. Ma in Milano vi furono, in epoche diverse, due duchi con il nome di Gian Galeazzo:
Gian Galeazzo Visconti   1385-1402
Gian Galeazzo Sforza   1469-1494
che hanno sposato ambedue una principessa dal nome Isabella[148].
Dall'analisi del periodo di governo dei due duchi risulta evidente che in Milano la costruzione del *Coperto* dei Figini avvenne sotto il ducato di Gian Galeazzo Sforza. Sia il Duomo di Milano che la Certosa di Pavia, citati da Barbagallo come esempi e prove di floridezza e prosperità di governo, furono avviate nella loro costruzione sotto il suo ducato[149], ma non furono tanto importanti da distrarre l'attenzione da quel periodo di gloria italiana noto nella storia politica e dell'arte con il nome di "Umanesimo e Rinascimento"; inoltre la presenza in Firenze di Lorenzo il Magnifico, "l'ago della bilancia" nella politica di equilibrio iniziata sotto i suoi auspici dopo la pace di Lodi del 1476, assicura meglio la possibilità di ideazione e di cura per le varie opere monumentali delle diverse città italiane, dalle quali non deve essere escluso il

---

[148] Barbagallo Corrado: *Storia Universale, Medio Evo*, Vol. II°, p. 1087, 1931-38. ed. UTET.
[149] Barbagallo Corrado: Op. cit., p. 1145

"*Coperto* dei Figini" in Piazza Duomo a Milano. Le brighe interne al ducato di Milano, organizzate soprattutto da Ludovico il Moro, non hanno ostacolato il periodo di agiatezza economica, sociale e artistica e non hanno creato ostacoli per lo studio di una struttura più armonica e artistica della città[150]. Da queste osservazioni si è portati ad attribuire l'inizio e la condotta dei lavori per il "*Coperto* dei Figini" in Milano durante il ducato di Gian Galeazzo Sforza, tra gli anni 1469- 1494.

Terminata la costruzione del "*Coperto*" in Milano, Pietro Figino non è più ricordato da nessun documento.

La lapide, conservata nel secolo scorso, nella chiesa di San Materno in Figino Serenza e stesa dal Teologo Gerolamo, parroco della chiesa di San Babila in Milano testimonia la morte[151]:

DIVO PETRO FIGINO

AVO ET POSTERIS

HIERONIMUS RECTOR

ECCLESIAE S. BABILAE MEDIOLANI

RECTOR DICAVIT 1424

Suscita qualche perplessità la data 1424. Senz'altro il "2" di 24 deve essere letto o 7, o 8, o 9.

Questo in rapporto al modo simile di scrittura. Per questo non si può fissare con precisione la data di morte di Pietro Figino: al massimo si può dire che Pietro Figino fu sepolto a Figino Serenza nella Chiesa Parrocchiale di San Materno[152].

---

[150] Carlo Torre: *Ritratto di Milano,* p. 362, Milano per gl'Agnelli (1° ed. 1674), G. Urso, Milano 1973

[151] Lorenzo Marzorati, *Quel borgo, Notizie storiche sull'origine e sviluppo di Figini Serenza, paese della Brianza Occidentale,* cit., p. 240.

[152] Lorenzo Marzorati, *Quel borgo, Notizie storiche sull'origine e sviluppo*

Conclusioni

In generale il termine *copertum* si riferiva sia agli spazi porticati pubblici, sia a quelli privati: portici pubblici, chiusi in parte da cancelli e destinati ad ospitare i banchi dei notai e i poteri giurisdizionali e amministrativi: portici ai quali, quindi, era precluso l'accesso per l'utilizzazione a fini commerciali. A questi si aggiungevano i portici privati. Questi ultimi erano costituiti da semplici tettoie sostenute da pilastri, o piazzette davanti alle case dei nobili, dotate di atrio o portico, spazi destinati ad attività ludiche e di sosta. Successivamente essi si trasformarono in strutture commerciali con banchi e botteghe, spesso sopralzate.

I portici private risultano essere strutture spesso precarie e cadenti, ritenute ingombranti e poco decorose, che, se già risultavano sgradite nel Quattrocento, in particolare al Moro, scomparvero quasi totalmente sotto la dominazione spagnola.

Il *Coperto* dei Figini rappresentò certo un esempio di razionalizzazione di questo tipo edilizio: fu la prima risposta tipologica compiuta e decorosa a questo riguardo, come è stata opinione comune alla gran parte degli storici milanesi. Innanzitutto perché si può dimostrare che, anche se venne costruito nell'ambito di un controllo probabilmente unitario, parlare di progetto sarebbe eccessivo, le sue diverse parti vennero ricondotte ad un'immagine e ad un organismo unitario per fasi distinte, a mano a mano che le strutture venivano costruite e completate.

Dall'esame di alcuni documenti è stato possibile appurare che all'epoca della costruzione del *Coperto* dei Figini esisteva già, poco più a est, il cosiddetto *Coperto* delle Bollette[153],

---

di Figino Serenza, paese della Brianza Occidentale, cit., p. 240.

[153] Il Coperto delle Bollette venne demolito alla fine del 1614, a causa

struttura alla quale è molto probabile che Guniforte Solari si sia ispirato per organizzare quello dei Figini.

Come accennato, per quanto sia necessario pensare, se non ad un progetto, almeno ad un controllo unitario alla base dell'edificio noto come *Coperto* dei Figini, è possibile distinguere successive fasi di realizzazioni, attuatesi in parte mediante costruzioni *ex novo* e in parte mediante adeguamenti e ricostruzioni di strutture già esistenti, sorte spontaneamente dopo la demolizione di Santa Tecla (1461-62).

È opportuno quindi affermare che il progetto del *Coperto* venne delineandosi con il procedere stesso della costruzione delle singole e distinte parti tutte costruite utilizzando l'ex muro della basilica e porzioni delle due navate minori, sulla base del loro reciproco allineamento.

Solo a struttura ultimata, alla fine del Quattrocento, il *Coperto* si sarebbe potuto dire davvero unitario. Il pregevole edificio solariano, coordinando in un unico *Coperto* distinte volontà edificatorie, avrebbe costituito lo sfondo settentrionale della piazza della Chiesa Maggiore, nascondendo dietro una quinta ben strutturata il caotico articolarsi della Milano medievale, in questo scorcio di secolo sempre meno gradita.

---

dell'avanzamento del Duomo

Indice delle Illustrazioni

Tav. 1: La basilica di S. Tecla nel medioevo.

Tav. 2: Le aree dei mercati.

Tav. 3: Parte di S. Tecla utilizzata per il *Coperto* dei Figini.

Tav. 4: Il *Coperto* dei Figini, estremità est. Disegno a penna su carta, s.d. [1555], (II, PP, A.B., Quattro Marie, cart. 358, f. 40).

Tav. 5: Il *Coperto* dei Figini, estremità est. Disegno a penna su carta, s.d. [1555], (II, PP, A.B., Quattro Marie, cart. 358, f. 32).

Tav. 6: Onoranze ai caduti delle Cinque Giornate in Piazza del duomo, 6 aprile 1848. Litografia a colori da disegno di A. Dassi: Civica raccolta delle Stampe Achille Bertarelli, A S m 25-50. Foto Saporetti.

Tav. 7: Panorama de Milan. Incisione a colori di Citterio su Disegno di G. Gariboldi, ca 1850, Genevresi e Vallenzasca, serie "Collection du Dagurréotype". Civica Raccolta delle Stampe Achille Bertarelli, Albo E 44, tav. 1, Foto Saporetti.

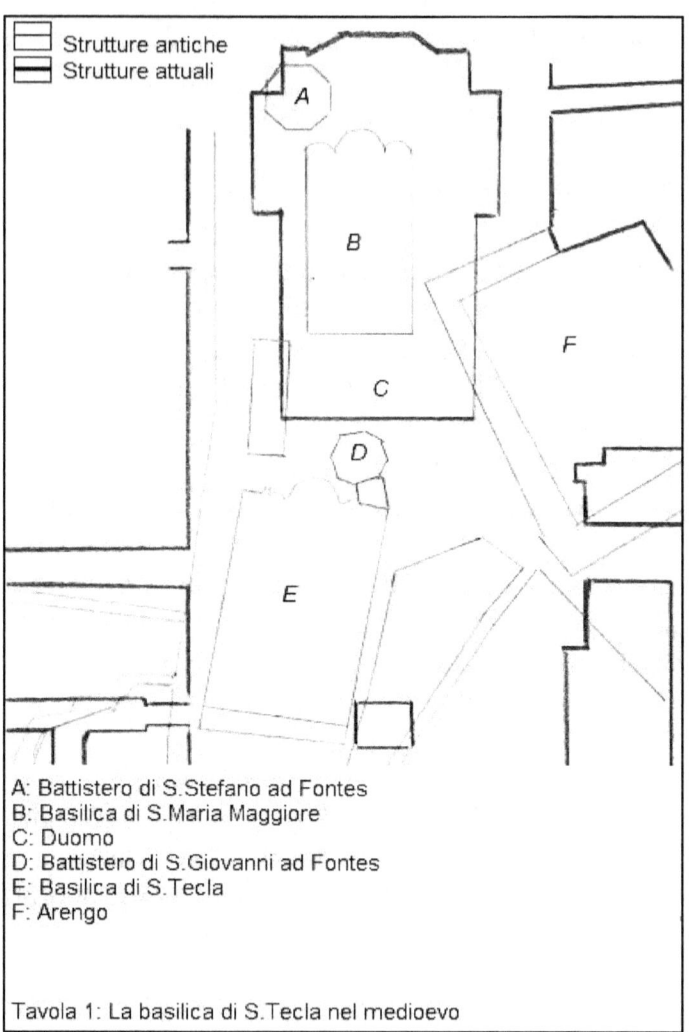

Strutture antiche
Strutture attuali

A: Battistero di S.Stefano ad Fontes
B: Basilica di S.Maria Maggiore
C: Duomo
D: Battistero di S.Giovanni ad Fontes
E: Basilica di S.Tecla
F: Arengo

Tavola 1: La basilica di S.Tecla nel medioevo

88

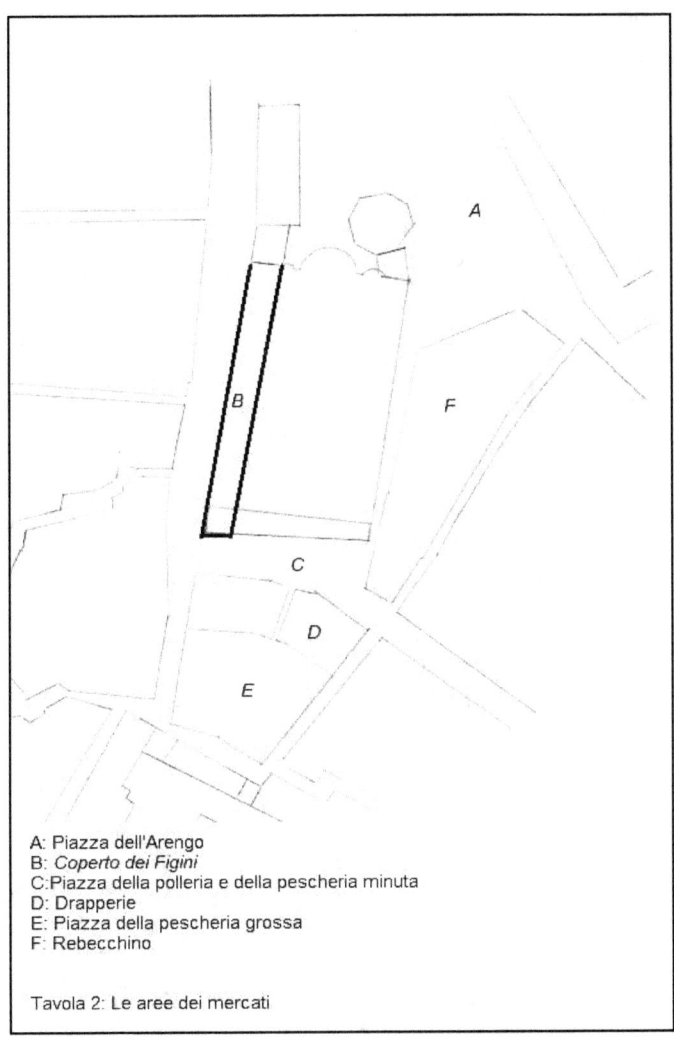

A: Piazza dell'Arengo
B: *Coperto dei Figini*
C:Piazza della polleria e della pescheria minuta
D: Drapperie
E: Piazza della pescheria grossa
F: Rebecchino

Tavola 2: Le aree dei mercati

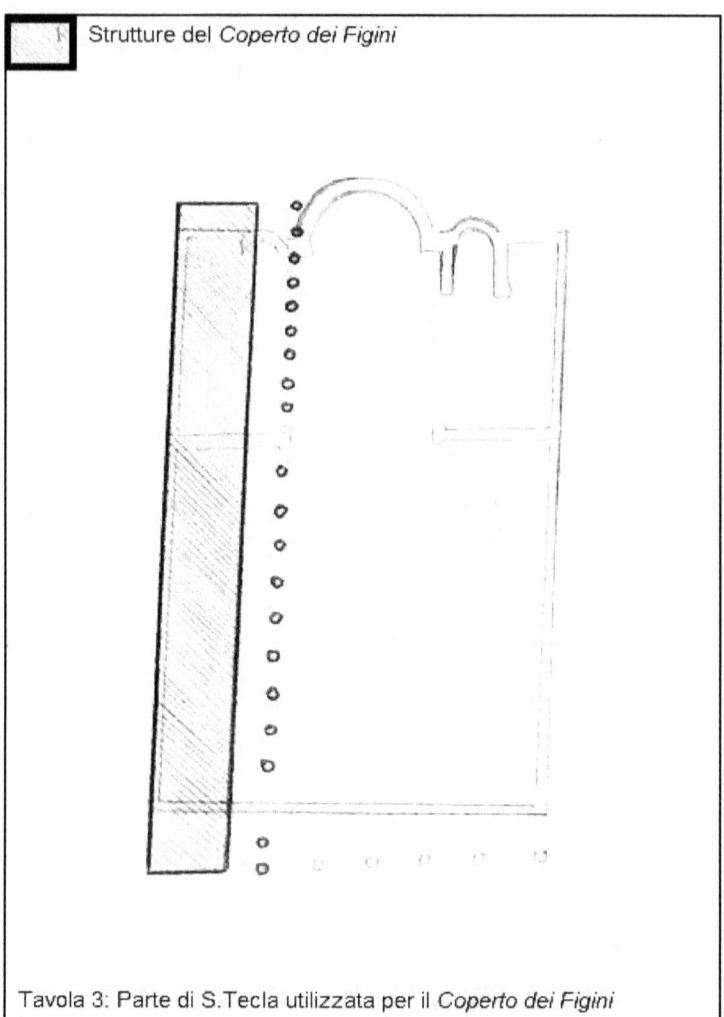

Strutture del *Coperto dei Figini*

Tavola 3: Parte di S.Tecla utilizzata per il *Coperto dei Figini*

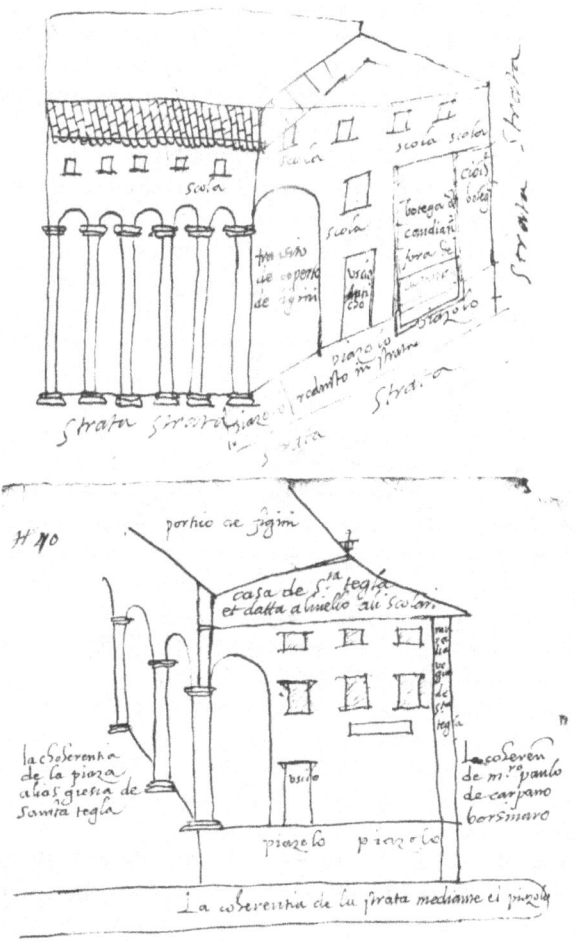

Tavola 4: Il Coperto dei Figini, estremità est. Disegno a penna su carta, s.d. [1555], (II, PP, A.B., Quattro Marie, cart 358, f. 40).

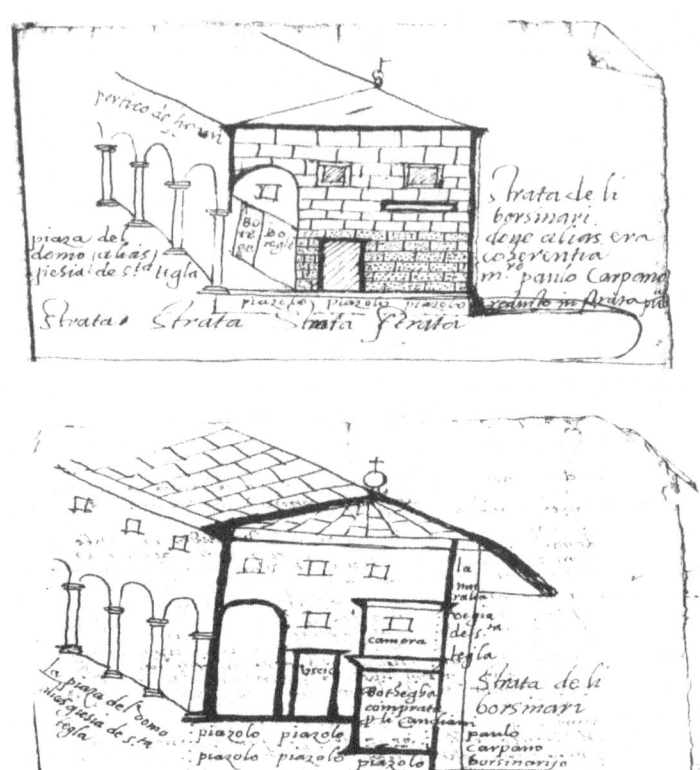

Tavola 5: Il Coperto dei Figini, estremità est. Disegno a penna su carta, s.d. [1555], (II, PP, A.B., Quattro Marie, cart 358, f. 32).

92

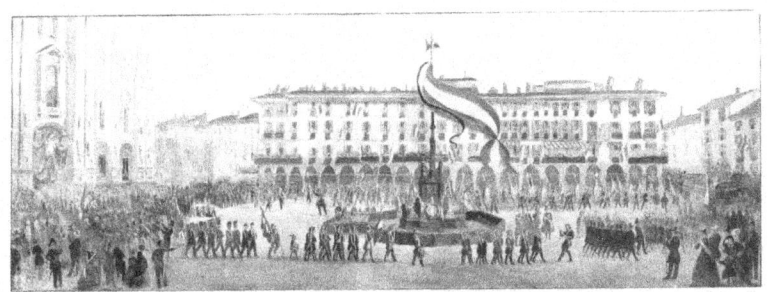

Tavola 6: Onoranze ai caduti delle Cinque Giornate in Piazza del duomo, 6 aprile 1848. Litografia a colori da disegno di A. Dassi: Civica raccolta delle Stampe Achille Bertarelli, A S m 25-50. Foto Saporetti.

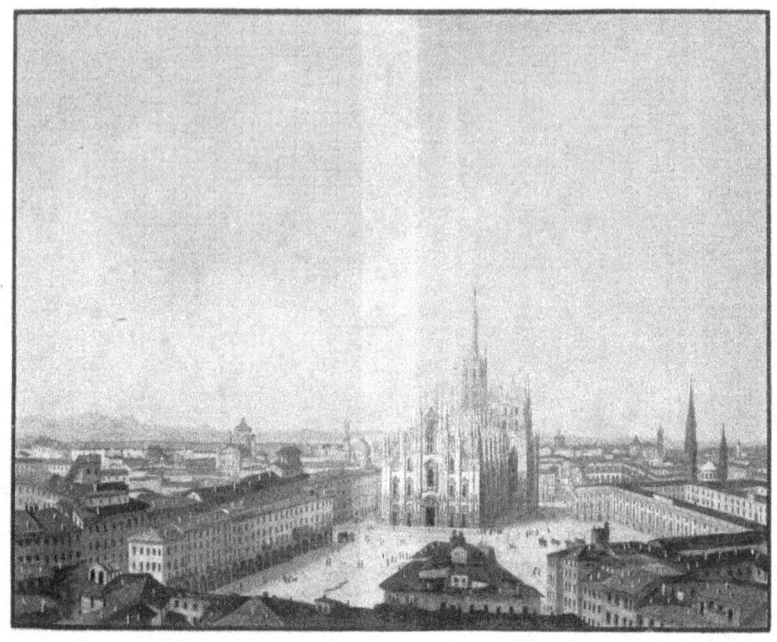

Tavola 7: Panorama de Milan. Incisione a colori di Citterio su Disegno di G. Gariboldi, ca 1850, Genevresi e Vallenzasca, serie "Collection du Dagurréotype". Civica Raccolta delle Stampe Achille Bertarelli, Albo E 44, tav. 1, Foto Saporetti.

Bibliografia

ACM., Archivio del Capitolo Metropolitano di Milano, *Capitolo Maggiore; Pergamene; Clero delle Cento Ferule*
ACPA, Archivio Civico di Pavia.
AFD: Archivio della Veneranda Fabbrica del Duomo, *Archivio Storico,* Milano
ANN., *Annali della Fabbrica del Duomo,* Milano
ASL, Archivio Storico Lombardo
ASMi: Archivio di Stato di Milano, *Fondo di Religione; Fondo di Religione Registri; Archivio diplomatico, Pergamene per fondi; Comuni, Milano; Fondo notarile.*
II.PP.A.B.: Archivio dell'Amministrazione delle II.PP.A.B.(Istituzioni Pubbliche di Assistenza e Beneficenza) ex E.C.A. di Milano. *Comuni; Quattro Marie.*
Ambrogio., *Discorsi e lettere II/III, Lettere (70/77)* a cura di G. Banterle, ed. M. Zelzer, Biblioteca Ambrosiana Milano e Città Nuova editrice, Roma 1988.
Arnolfo., *Gesta archiepscoporum Mediolanensium,* a cura di L.C. Bethman, Hannover 1848.
Barbagallo C., *Storia Universale, Medio Evo,* Vol. II°, UTET, Torino 1931-38
Beltrami L., *Note di topografia dell'antico centro di Milano, S. Tecla, l'arengo, il Coperto dei Figini,* Tipografia Umberto Allegretti, Milano 1912.
Bonvesin de La Riva., *De Magnalibus Urbi Mediolani,* a cura di F. Novati in "Bullettino dell'Istituto Storico U Italiano, Roma 1898.
Bortolotti M.P., *Merci, commercio, mercanti a Milano alla fine del '400,* in *Ludovico il Moro. La sua città e la sua corte (1480-1499),* ed. a cura dell'Archivio di Stato di Milano, New Press, Como 1993

Caffi M., *Artisti Lombardi del secolo XV. I Solari*, in "Archivio Storico Lombardo" Milano 1878

Calderini A., *La tradizione letteraria più antica sulle basiliche milanesi*, in "Rendiconti del Regio Istituto Lombardo" Milano 1941-42. Calderini A. Chierici F. Cecchelli C., *La basilica di San Lorenzo Maggiore in Milano*, Treccani, Milano 1952.

Caporusso D., *Scavi MM3:* ricerche di archeologia urbana a Milano durante la costruzione della Linea 3 della Metropolitana, 1982-2990, Edizioni ET, Milano 1991.

Cattaneo E., *Il clero di S. Tecla-con alcune notizie su S. Tecla Nuova*, in De Capitani D'Arzago, Milano 1952.

Chellini I., *Ricerche sul Capitolo di Santa Tecla /fine secolo XIV-prima metà secolo XV)*, Tesi di Laurea, relatore prof. G. Chittolini, A:A: 1994-95 Università degli Studi di Milano, Facoltà di Lettere e Filosofia, corso di Laurea in Lettere.

Chittolini G., *Aspetti e caratteri di Milano "comunale"*, in *Milano e la Lombardia in età Comunale, secoli XI-XIII*, Silvana editoriale, Milano 1993.

Ciapessoni P., *Per la storia dell'econimia e della finanza pubblica pavesi sotto Filippo Maria Visconti*, "Boll. Della Soc. Pavese di S. P." Pavia 1960.

Cipolla C.M., *Ripartizione delle colture nel pavese secondo le misure territoriali della metà del cinquecento*, in "Studi di economia e statica della Facoltà di Economia e Commercio dell'Università di Catania, Catania 1950-1.

Colombo A., *La topografia di Milano medievale*, in "Archivio Storico Lombardo" 1987

Corio B., *Historia continente l'origine di Milano*, Mediolanum apud Alexandrum Minutianum, 1627, 1° ed. per G.M. Bonelli, Venezia 1554.

D'Amico S., *Le contrade e la città. Sistema produttivo e spazio urbano a Milano fra Cinque e Seicento*, Franco Angeli, Milano 1994.

Damiolini M. Del Bo B., *Turco Balbani e soci: interessi serici lucchesi a Milano,* in "Studi Storici", Milano 1994.

David M., voce *Piazza del Duomo, Milano* in *Dizionario della chiesa ambrosiana,* IV, NED, Milano 1990.

De Capitani d'Arzago A., *La chiesa Maggiore di Milano,* a cura di G.P. Bognetti, E. Cattaneo, Ceschina , Milano 1952

Du Cange C., *Glossarium mediae et infimae latinitatis,* L. Favre imprimeur éditeur, Niort 1883-87.

Ennen E., *Storia della città Medievale,* La Terza, Bari 1975.

Falconi E., *Per una nuova edizione critica della "pax Costantiae",* In Archivio Storico Lombardo 1979-80.

Frangioni L., *Le merci in Lombardia: Produzione artigianali di grande serie e produzioni pregiate* in *Commercio in Lombardia,* a cura di G. Taborelli, I, Milano 1986.

Galvano Fiamma., *Chronicon extravagans,* in Cerutti, *Chronicon extravagans et Cronicon ab Antonio Ceruti nunc primo edita,* in *Miscellanea di Storia italiana,* Stamperia Reale, Torino 1869.

Ghinzoni P., *Di alcuni antichi coperti ossia i portici in Milano,* in "Archivio Storico Lombardo", Milano 1892.

Giulini G., *Memorie spettanti alla storia, al governo, ed alla descrizione della città e campagna di Milano né secoli bassi, Nuova edizione con note aggiunte,* Colombo, Milano 1845-57.

Grandi A., *Le trasformazioni di Piazza del Duomo nella storia,* in *Piazza del Duomo a Milano,* Mazzotta, Milano 1982

Grillo P., *Le origini della manifattura serica in Milano (1400-1450),* in "Studi Storici", Milano 1994.

Grossi A., *Santa Tecla nel Tardo Medioevo,* Edizioni ET, Milano 1997.

Hefele C.J., *Histoire des Conciles,* Paris 1907.

Krautheimer R., ed. italiana *Tre capitali Cristiane. Topografia e politica,* Einaudi, Torino 1987.

Mainoni P., *Il mercato della lana a Milano dal XIV al XV secolo. Prime indagini,* in "Archivio Storico" Milano 1984.

Mainoni P., *La seta a Milano nel XV secolo: aspetti economici e istituzionali,* in "Studi Storici" 1994.

Marzorati L., *Quel borgo, Notizie storiche sull'origine e sviluppo di Figino Serenza, paese della Brianza occidentale,* Saronno, Scuola Grafica Padre Monti 1975.

Mirabella Roberti M., *La cattedrale antica di Milan e il suo battistero,* in Arte in Lombardia, Milano 1963.

Monneret de Villard U., *L'antica Basilica di S. Tecla in Milano,* in "Archivio Storico Lombardo", Milano 1917.

Motta E., *Ebrei in Como ed in altre città del Ducato di Milano,* Como 1885.

Osio L., *Documenti diplomatici Milanesi,* Milano 1864

Patetta L., *L'architettura del Quattrocento a Milano,* CLUP, Milano 1987.

Piva P., *La cattedrale doppia. Una tipologia architettonica e liturgica del Medioevo,* Pàtron, Bologna 1990.

Pracchi A., *La cattedrale antica di Milano,* Laterza, Bari 1996.

Rossi L., *Gli Eustacchi di Pavia e la Flotta Viscontea e Sforzesca nel secolo XV,* in "Boll. Soc. Pavese di S.P." Pavia 1914.

Rossi M., *Il Duomo e la Piazza nel Quattrocento,* in *Piazza del Duomo e dintorni,* in "Arte Lombarda", Milano 1985

Santoro C., *I registri dell'Ufficio do Provvisione e dell'Ufficio dei Sindaci sotto la dominazione viscontea,* Milano 1929

Savio F., *Gli antichi Vescovi d'Italia dalle origini al 1300 descritti per regione. La Lombardia,* Biblioteca Istorica della antica e nuova Italia, Firenze 1913.

Soldi Rondinini G., *Le vie transalpine del commercio milanese dal secolo XIII al XV*, in *Felix olim Lombardia, Studi di Storia padana dedicata dagli allievi a Giuseppe Martini*, Milano 1978.

Spinelli M.E.., *Uso dello spazio e vita Urbana a Milano tra XII e XIII secolo; L'esempio delle botteghe di piazza del Duomo*, in *Paesaggi urbani dell'Italia padana nei secoli VIII-XIV*, a cura di R. Comba, Cappelli, Bologna 1988.

Torre C., *Il ritratto di Milano*, Milano per gl'Agnelli (1° ed. 1674, G. Urso, Milano 1973.

Treccani degli Alfieri G., *Storia di Milano*, vol. *VII*, Treccani, Milano 1953.

Verga E., Bellini P. *La camera dei Mercanti di Milano nei secoli passati*, Umberto Allegretti, Milano 1914.

Zerbi T., *La banca nell'ordinamento visconteo*, Emo Cavalieri, Milano 1935.

Ringraziamenti

Per prima cosa è doveroso ringraziare la Biblioteca di Figino Serenza e di Nova Milanese che si sono mostrate molto disponibili durante il mio lavoro di ricerca.

Ringrazio mio figlio Luca per avermi aiutato nell'impostazione formale dell'elaborato.

Ringrazio quella santa di mia moglie Paola che, oltre ad avermi sposato, ha anche corretto i refusi dell'elaborato.

CONTRIBUTI

Aspetti socio economici del contado milanese (1450-1600)
Enrico Cafulli

I prodromi del Coperto dei Figini Maurizio Giannetti

Numismatica all'ombra del Coperto: monete e prezzi nella Milano di Galeazzo Maria Sforza (1466-1476) Francesco Gorelli

I Navigli del milanese tra Medioevo e Rinascimento Maurizio Spelta

I nostri quattro contributi si collocano nella prospettiva di conferire concretezza ad un progetto che, inizialmente pensato con l'amico Ambrogio Figini, non ha avuto il tempo di trovare insieme a lui il proprio compimento.

Enrico C., Maurizio G., Francesco G., Maurizio S.

Aspetti socio economici del contado milanese (1450-1600)

In questo breve contributo, esamineremo seppure in maniera sintetica i rapporti che si crearono tra la città e il contado in epoca tardo medioevale e soprattutto signorile, sconfinando nella primissima età del dominio spagnolo, rapporti essenzialmente economici e commerciali che incisero profondamente anche nel tessuto sociale delle popolazioni, modificandone abitudini e esistenze.

Estrapolando da un nostro saggio relativo al dipanarsi dei destini di vita di tre famiglie (i Cafulli, i Matttavelli, i Cassaghi)[154] della campagna milanese stanziate in tre territori a diversa vocazione produttiva agricola - la bassa irrigua tra Milano e Pavia (la cosiddetta "campagna soprana"), l'asciutto pianeggiante basso brianzolo e infine la Brianza collinare - e al loro spostamento nel progressivo avvicinarsi alla città, si è cercato di analizzare il loro divenire come famiglie campione di fenomeni a più largo spettro.

È noto il rapporto che il comune cittadino nelle sue prime fasi costitutive rivolse al contado, prima come fonte di approvvigionamento di derrate alimentari, poi come successivo inglobamento delle realtà rurali anche in via militare e conseguente assorbimento politico e amministrativo. Questi sommovimenti che proseguirono fino all'epoca signorile provocarono dei movimenti di larghe fasce delle popolazioni sia in senso centripeto che centrifugo, inducendo molti piccoli proprietari della zona montuosa e collinare a essere attratti dalla cintura cittadina

---

[154] Considerata la brevità del contributo, sono state volutamente omesse le note di rimando ai vari Autori cui si fa riferimento. Per una più completa disamina dell'argomento si rimanda a Enrico Cafulli, Gabriele Cafulli "Famiglie contadine lombarde, due casi della Bassa e dell'Alto Milanese", Milano 2015.

dove si stabilirono ora come braccianti ora spendendo il ricavato delle vendite dei loro piccoli appezzamenti e assumendo il ruolo di fittavoli di cascine possessione di enti ecclesiastici o di casate nobiliari.

Il paesaggio di una Milano ben diversa da quella che le successive trasformazioni che il divenire storico le riserverà, ci riporta a un'immagine di campi coltivati e soprattutto orti a ridosso delle mura e spesso anche all'interno della stessa città.

Ne è esempio il fatto che le cascine e i coltivi ricadevano territorialmente sotto la giurisdizione di parrocchie ora centralissime ma allora – san Babila, san Bartolomeo, san Simpliciano, solo per citarne alcune oltre Porta Orientale - aggettanti su un vasto ambito extra moenia.

Le vicende delle famiglie campione sopracitate sono inserite e inscindibili dal più ampio contesto agrario delle rispettive regioni lombarde in cui esse risedettero e operarono. I modelli agricoli, paesaggistici e produttivi della società lombarda differivano e differiscono ancora oggi per via della realtà geomorfologica e ambientale in cui essi si svilupparono: la grande diversità di paesaggi, altitudine, morfologia e composizione del suolo, ravvisabile dagli spartiacque alpini fino alle regioni transpadane, ha indotto nel corso dei secoli ad adottare svariati modelli di organizzazione agricolo-produttiva e all'introduzione di differenti tipologie colturali. Giovanni Cantoni, punto di riferimento della storia dell'agricoltura, individuava, nel tardo periodo Lombardo Veneto, una sostanziale tripartizione del panorama agricolo lombardo, identificabile nelle tre fasce latitudinali della montagna, collina e alta pianura, bassa pianura. Per la fascia montana nell'Ottocento asburgico, ma un quadro non dissimile è tracciabile per i secoli precedenti, sussisteva ancora una netta prevalenza di piccoli proprietari che conducevano personalmente i propri possedimenti. Dominava un'agricoltura povera in cui gli elementi capitalistici penetrarono limitatamente, con grande ritardo solo a distanza di numerosi decenni. La produttività era bassa e la tipologia di coltivazioni era influenzata sovente dall'infelice orientamento delle valli che lasciava in ombra numerosi appezzamenti (a titolo esemplificativo si prendano alcune località dell'Alto Lario o della Valtellina). Per sopperire alla scarsa produttività dei terreni in ombra, per molte famiglie maggioritari rispetto alle "croste al sole", ampio era il ricorso agli *usi civici* delle risorse comuni rappresentati per lo più dai prodotti dei boschi (legna, castagne...). Ben differente la situazione della fascia mediana dove forte era la concentrazione della proprietà nelle mani di classi borghesi e nobili e vedeva i contadini impiegati attraverso tre tipologie di lavoro: la mezzadria pura (prevalente nel bresciano e nel bergamasco e quasi del tutto scomparsa nell'Ottocento nell'Alto Milanese), il contratto misto di fitto in grano e mezzadria e infine il fitto in denaro, limitatamente adottato. L'affermazione del fitto misto a mezzadria in luogo della mezzadria pura comportò la scomparsa della masseria, la frantumazione dei classici nuclei famigliari estesi e l'affermazione di conduzione di appezzamenti dalla superficie più limitata e un derivante peggioramento delle condizioni economiche dei coloni. Di grande rilevanza ancora nell'Ottocento la coltivazione dei cereali, che insieme alla vite, costituiva l'indirizzo colturale prevalente, abbinato a partire dal Settecento alle attività connesse ai gelsi e all'allevamento dei bachi da seta.

Salvo le mitigazioni imposte dai periodi di pestilenza, la forte pressione demografica di questa seconda fascia spingeva molti contadini ad emigrare come braccianti nelle aziende della Bassa, dove lavoratori stagionali erano continuamente richiesti, mettendo così in circolo un sistema di integrazione e scambio della forza lavoro tra le due fasce più produttive della Lombardia.

Dalla disanima dei dati delle singole famiglie si evince che ci si sposava in giovane età e che subito veniva concepito il primo figlio e i successivi con il consueto ritmo biennale, generando fino a tarda età.

Non è dato sapere come avvenissero la conoscenza tra i futuri coniugi, ma certo giocavano un ruolo importante le condizioni economiche e la reputazione.

Come deducibile dai numerosi casi esaminati, le popolazioni lombarde d'età moderna soggiacevano a dinamiche demografiche tipiche dell'Europa preindustriale, mortalità inclusa. I picchi più elevati di mortalità si collocavano nelle fasce d'età comprese tra 0 e 5 anni (con valori massimi per i primi 12-18 mesi di vita) e poi tra i 40 ei 50 anni e nei blocchi successivi; la mortalità infantile era difatti altissima

Carestie, malattie e guerre, inseparabili compagne di viaggio per tutti i secoli tardo-medioevali e dell'epoca signorile accompagnarono i destini delle popolazioni lombarde, in primis le epidemie di peste e pestilenze, con un'accezione ampia e maggiormente indeterminata.

La prima grande epidemia che flagellò il territorio del Milanese a partire dal XVI secolo, fu quella di peste del 1575-77, a cui seguì quella ben più tremenda del 1630. Le due grandi pestilenze nel Milanese del 1575 e del 1630 si inserirono in un quadro generale caratterizzato di stretta interrelazione con dalla penuria di derrate alimentari e lo scoppio di altre epidemie – influenzali e di tifo petecchiale – apportando cambiamenti profondi alla realtà demografica di intere aree: l'epidemia del 1576-77 fece in Milano 18.000 vittime, mentre quella del 1630-31 ne provocò 60.000, pari al 46% della popolazione.

La prima ondata che interessò il territorio brianzolo risale al 1576 portata da Milano da tale Moretto di mestiere cardatore di lana. Un resoconto puntuale dell'epidemia è tracciato sempre da Ignazio Cantù:

la Brianza fu tra le prime terre ad essere infetta dalla peste, recandovela un certo Moretto cardatore di lana, dal sobborgo degli ortolani di Milano la portò a Seregno sua patria, donde si stese alle terre vicine [...]. la peste si dilatava, ed una legge fatta ai 28 ottobre dell'anno stesso vietava agli abitatori di Lentate, Seregno, Lurago, Vedano, Meda e Varedo d'uscire dal paese, ed ordinava che fossero piantate all'intorno di queste terre degli steccati perché nessuno ne uscisse [...] quali siano stati i paesi tocchi nella Brianza mancano argomenti che lo indichino.

Per il 1630 è sempre Ignazio Cantù a delineare una puntuale cronaca dell'itinerario seguito dal contagio pestoso nelle terre dei Mattavelli nel 1630; nella sua opera del 1853 sulle vicende della Brianza, riferisce come il primo caso in Merate fu quello del soldato Girolamo Redaelli detto il Maghino, che:

recatosi in Milano dal cognato cenciaiolo ivi morì, poi quello di Giuseppe Bonfanti di Cernusco Lombardone anche lui fuggito a Milano e alloggiato al Bettolino del Carmine vi morì essendo il quinto caso in città. Il contagio progredì con l'avanzare della primavera e a poco valsero le precauzioni volontarie o imposte dalle autorità governative quali l'imbiancatura delle case, la separazione degli infetti trasportandoli in capanne formate di paglia in luoghi aperti, che non si mettano per quell'anno i bachi da seta nelle città e nelle terre dello Stato milanese infette o sospette e che vengano sospese fiere e mercati del Ducato.

Continua il Cantù:

Nella parte più meridionale della Brianza era sopito il male, quando alcuni di Vimercate recatisi a Saronno, dove la peste era feroce, comperarono lino, e colla merce portarono a casa di nuovo il contagio, che di subito si diffuse a Monza, Cavenago e altre terre all'intorno, e non molto tempo in Cassano e Trezzo, dove i delegati di sanità erano negligenti al sommo.

Un altro problema che aumentava l'insicurezza della popolazione residente o degli individui in transito era rappresentato dal numeroso e spietato brigantaggio, che comportava una fitta serie di omicidi e rapine compiuti da vere e proprie bande di malfattori a cui si associava spesso con funzioni di supporto o omertà una variegata pletora di oziosi, vagabondi, disertori di truppe mercenarie, individui senza fissa dimora o inoccupati che vivevano di espedienti e piccoli furti campestri. Il brigantaggio fu un fenomeno vastamente presente nelle campagne lombarde per tutto il periodo che va dal XVI alla prima metà del XIX secolo, favorito anche dalla precipua configurazione, in particolare per la Bassa Lombarda, del territorio dove la popolazione risiedeva in cascinali isolati e lontani dai principali assi viari che connettevano i centri maggiori.

Una parossistica recrudescenza dei fenomeni criminosi si verificava nei periodi immediatamente seguenti alla fine di una guerra, quando sbandati, disertori o congedati, non sapendo come sopravvivere, costituivano bande più o meno numerose ed organizzate che scorrazzavano nelle campagne uccidendo e derubando.

I reati commessi sono annoverabili essenzialmente in tre classi di crimine: furti campestri, assalti a cascinali isolati e soprattutto grassazioni ai danni di viandanti. L'ultima tipologia di reato è abbondantemente testimoniata dagli atti di morte compilati dai parroci, in quanto le rapine si concludevano sovente con il decesso traumatico del malcapitato. La piaga più grossa era costituita dai furti campestri, unica via di sopravvivenza per molti dei miserabili che vagavano nelle campagne e si macchiavano di "robamenti di grani, formento, segale et legumi [...] scandella, spelta, avena et altre biade" nonché di uva.

Il fenomeno delle *depredazioni* e dello *spogliamento* raggiunse tra la fine del Cinquecento e la metà del Seicento, punte incontrollabili tali da richiedere da parte dell'amministrazione spagnola interventi drastici di prevenzione e di severità di pene per gli esecutori catturati. Nel contado dello Stato milanese le funzioni di polizia giudiziaria erano in prima istanza di competenza dal console della comunità su cui, in caso di denuncia di un reato, gravava il compito di raccogliere i primi indizi e che doveva trasmettere le sue informazioni al giudice superiore da cui dipendeva.

Il diretto superiore gerarchico del console era il podestà con funzioni pretorie di magistrato di prima istanza che consistevano principalmente nel vigilare sull'ordine pubblico, tutelandone la salute e imporre il rispetto del dettato promulgato nelle grida e nelle ordinanze; il territorio di sua competenza coincideva sostanzialmente con quello di una pieve e quindi di un insieme di comunità di antica data di origine medioevale.

Nelle pievi della Brianza collinare vigeva però, a differenza delle altre zone del Ducato, un diverso ordine gerarchico amministrativo: la figura di riferimento era infatti non il podestà ma direttamente il vicario della Martesana con sede in Vimercate, che era tenuto a istruire i processi, anche se nella realtà quotidiana fruiva della collaborazione diretta e immediata dei podestà data anche l'ampiezza territoriale del contado brianzolo di sua competenza.

Il fenomeno della piccola criminalità e dei reati più violenti non si esaurì con il XVII secolo ma rimase una costante che permeò la società per tutto il tempo dell'antico regime, rimanendo endemica nelle campagne dove la maggior parte degli individui girava armata di falcetti, coltelli e armi varie da taglio o comunque atta a offendere.

In particolare la zona più infestata era proprio quella a ridosso della Molgora e dell'Adda dove il confine permetteva ai malfattori una rapida via di fuga e la possibilità di nascondersi indisturbata nelle folte foreste della zona.

La questione dei quasi quotidiani assalti a viaggiatori nelle zone di confine indusse i due Stati confinanti a esercitare una collaborazione di contenimento poliziesco, e in una lettera del 1682 il Doge della Repubblica di Venezia lamentava presso il segretario di Stato di Milano come nei pressi di Canonica, le strade confinarie fossero infestate da "assassini di strada che assaliscano e rubbano li passeggeri e hanno il ricovero in questo Stato di Milano perciò non può uscir l'intento di haverli nelle mani".

Altri documenti confermano la presenza di bande di malfattori in Geradadda nelle vicinanze del porto di Trezzo e una relazione del vicario della Martesana, segnalava la ancora vivace attività criminosa di delinquenti riuniti in bande numerose.

I furti campestri nei periodi successivi si arricchirono di una nuova specie pregiata di bottino: le foglie di gelso dato lo sviluppo delle piantagioni di moroni conseguente al lucro che la bachicoltura arrecava alla ruralità locale.

In un periodo di torbidi che dal Cinquecento si estese fino a tutto il Settecento, passante per un Seicento drammatico per vivacità delinquenziale, la casistica criminale era quanto mai varia anche se un elemento costante di fondo fu la netta prevalenza di reati commessi contro la persona piuttosto che solo contro il patrimonio. Frequenza impressionante in un contesto in cui il valore della vita era bassissimo, avevano gli omicidi – per le più svariate motivazioni che spaziavano dalla rapina al banale litigio da osteria – seguiti dai ferimenti o percosse, rapimenti e stupri.

Altri reati erano il porto di armi proibite, gli incendi e il contrabbando (nel gergo del tempo detto *sfroso*) che nella zona a ridosso dell'Adda era particolarmente florido per via della frontiera con la Repubblica di Venezia.

Se da un lato la risposta, consistente nei periodi di carestia e di recessione economica, al problema della sopravvivenza era un'esistenza di piccoli furti che potevano evolvere nelle delinquenza grave sopra esaminata tramite rapine e spoliazioni ai danni di cascinali isolati e viandanti malcapitati, dall'altro la mendicità e il vagabondaggio costituivano una delle alternative incruente adottate nell'agone della sussistenza quotidiana.

Per il XVII secolo, così come per il XVIII, il fenomeno del vagabondaggio e la mendicità fu considerevolmente diffuso e trasversale per classe d'età e sesso: molti erano i fanciulli.

Il locale più frequentato dopo la propria abitazione era l'osteria; osterie e taverne erano quanto mai abbondanti in tutte le località rurali e rappresentavano il punto di incontro del popolino rurale nei tempi morti del lavoro ma anche il ricettacolo ideale per una turba di oziosi e piccoli e grandi delinquenti.

Non stupisce quindi che tali locali fossero viste con particolare sospetto ed avversione sia dall'autorità civile che tentavano, spesso inutilmente di tenere sotto controllo lo stuolo degli avventori obbligando osti e tavernieri a stilare elenchi giornalieri dei soggiornanti, ma anche dall'autorità religiosa che identificava nelle bettole una fonte primigena di disordine spirituale.

In effetti nelle osterie era frequente se non la regola eccedere nell'ubriachezza (la Brianza era da sempre terra di elezione per la produzione vitivinicola) e praticare il gioco delle carte o dei dadi (detti *ludi de zarra*) che spesso degenerava in violente risse.

Le zuffe e i delitti da vinaria proseguirono per tutto il Settecento e l'Ottocento, sovente alimentate oltre che dai fumi del vino dalle rivalità campanilistiche tra coscritti di paesi vicini; il coltello era l'arma di elezione in tali risse.

Balli e feste erano occasione per risse sfociate spesso in uccisioni.

La grande fase espansiva e di grande vitalità economica che aveva contraddistinto lo stato milanese nei primissimi anni dell'età moderna si era interrotta nel primo trentennio cinquecentesco a causa delle guerre per il possesso del Ducato che avevano portato al passaggio rovinoso delle truppe mercenarie con il loro seguito di saccheggi e violenze, prima con l'intervento delle soldataglie spagnole e alemanne comandate dal De Leyla nel 1526-1527, poi con quelle delle milizie francesi due anni dopo, culminate prima nella presa di Monza da parte dei veneziani e poi nella battaglia di Carate, in un biennio segnato anche da una carestia preceduta dagli inverni particolarmente rigidi del 1526- 27 (a Milano il 26 marzo del 1526 caddero oltre 2 metri di neve) e associata a una delle frequenti pestilenze. La conseguenza era stata l'abbandono di ampie porzioni del territorio da parte delle popolazioni rurali in fuga in cerca di sicurezza e la destrutturazione demografica del contado della fascia pianeggiante a occidente dell'Adda, tanto che le cronache del 1530 riportano lo straordinario moltiplicarsi delle aggressioni di lupi a causa dello spopolamento rurale. La ripresa che ne era conseguita era stata lenta ma progressiva anche grazie a un fenomeno migratorio di individui che dall'area collinare inclusa nelle pievi di Missaglia, Brivio e Oggiono si erano spostati in quelle più meridionali di Pontirolo e Vimercate colmando i vuoti lasciati dalla guerra nel tessuto umano e colturale.

Il trend positivo accentuatasi nei decenni centrali del Cinquecento e durato per tutto il periodo del regno di Filippo II (1556-1598) aveva subito un'iniziale battuta d'arresto in seguito ad una prima carestia verificatasi nel biennio 1569-70, a cui seguì nel 1576-77 una delle ricorrenti ondate epidemiche di peste, la cosiddetta "peste di San Carlo", che tuttavia non costituì una marcata flessione dell'andamento positivo dell'economia del Ducato e da cui ci si riprese velocemente; peraltro verso la metà del secolo il concomitante innalzamento dei prezzi dovuto a una vistosa dilatazione della domanda e accompagnato a un aumento dei profitti non aveva visto una corrispondente crescita del costo del lavoro e dei prezzi delle materie prime, generando una robusta spinta inflazionistica.

Più pesante fu invece una seconda carestia che colpì il milanese dal 1584 quando si registrarono i primi cattivi raccolti e che perdurò fino al 1588 interrompendo un lungo e vivace ciclo espansivo che era stato intervallato solo da temporanei momenti critici come quello del 1569-70 e particolarmente critico risultò il biennio 1591-1592 quando si registrò la più grave delle tre carestie del secolo; dalla metà degli anni ottanta del XVI secolo fino a quasi la fine del decennio si verificò nel milanese un aumento della mortalità comparabile a una crisi di magnitudo 3 (per fornire un'idea di raffronto la crisi di mortalità manifestatasi in seguito alla peste del 1576 è classificata di magnitudo 4 e quella del 1630 di magnitudo 5) e tuttavia anche queste sequenziali fasi negative pur nella sua gravità possono essere interpretate come congiunturali e non di totale destrutturazione della società situazione e della vivacità economica.

Il primo decennio del Seicento si aprì con la più perniciosa delle carestie fino ad allora conosciute e coincise in conseguenza dei cattivi raccolti del triennio 1607-1609 a un'impennata dei prezzi dei beni agricoli, in particolare il prezzo del grano toccò livelli che mai erano stati raggiunti in precedenza, scompaginando i rapporti sociali e generando una nuova moltitudine di poveri che dopo aver vagabondato nelle campagne vivendo di piccoli furti o di lavori occasionali si muoveva verso la capitale infittendo la già corposa schiera di mendicanti e oziosi che cercavano di sopravvivere all'interno della città.

La situazione palesò un'ulteriore frattura a decorrere dalla fine del secondo decennio del XVII secolo quando i fenomeni bellici conseguenti al subitaneo cambio di alleanze della monarchia spagnola e le contese che sfociarono nelle guerre del Monferrato e nella ben più pesante contrasto con i francesi per il dominio del Ducato milanese (1631-1659) incisero profondamente, unitamente ai guasti provocati da carestie e epidemie, nel tessuto sociale ed economico lombardo - pertanto anche brianzolo e delle terre d'Adda - lasciando dietro di sé un desolante quadro di devastazioni e miseria.

L'inizio del secolo fu nondimeno funestato da una serie di eventi avversi. Ripetute carestie biennali con scarsità dei raccolti, la grande epidemia di peste del 1630, l'epizoozie del 1635-37, le scorrerie delle soldataglie, di malviventi e sbandati di ogni risma. La guerra con le sue abituali compagne di viaggio - le epidemie e le carestie - generarono anni di squallida miseria per la gran parte delle popolazioni rurali assoggettate a una sempre crescente tassazione imposta dal governatorato spagnolo per far fronte alle spese militari. Le gabelle e i dazi sul vino, sui grassi, sull'imbottato, sul sale (l'amministrazione ducale imponeva a ogni unità familiare l'acquisto di una determinata quantità di sale commisurata al numero dei suoi membri e all'estimo loro assegnato) si sommavano al balzello del *mensuale* da pagarsi in dodici mesi - imposta istituita ancora nel 1426 da Filippo Maria Visconti in sostituzione del focatico (*onus focolarum*) – e a una serie svariata di tributi e aggravi che venivano a assorbire buona parte dei redditi prodotti dai terreni.

Il massiccio acquartieramento delle truppe all'interno del Ducato (nel 1624 la presenza fisica militare ammontava a 271 compagnie con un rapporto tra soldati e abitanti di 1:3) comportò seri problemi per le popolazioni rurali su cui gravava il loro mantenimento con l'obbligo di alloggiare i militari (costituiti da elementi locali e forestieri di ogni risma) nelle cascine e procurare loro il necessario vettovagliamento con le inevitabili scie di soprusi e violenze esacerbate nei periodi in cui la paga ritardava o mancava del tutto.

Gli eventi bellici della seconda metà del secolo non interessarono in primis le terre del Ducato che videro solo le eventuali ma non frequenti scorrerie delle soldataglie in transito e proprio questa situazione di marginalità consentì una parziale anche se insufficiente riparazione dei danni e delle sventure che ne avevano caratterizzato la prima metà. L'imposta *"per li soldati di militia"*, la tassa straordinaria che le comunità erano tenute a versare per il mantenimento degli eserciti imperiali e a ripartita secondo due voci, in parte gravava sulle persone fisiche ed infatti era detta *personale*, in parte faceva riferimento ai possessi immobiliari in ragione della loro estensione in pertiche. Analogo balzello era imposto sul sale nel solco di quanto già era stata istituito annualmente nel 1462 da Francesco Sforza - sostituendo il disposto della signoria viscontea che stabiliva il consumo di sale in base ai nuclei familiari e non all'effettivo consumo - e secondo il quale ogni comunità poteva mediamente consumare una certa quantità di sale "avendo riguardo alle persone di anni sette in su tassandole a ragione di lire 6 per bocca e staia 1 per ogni dieci capi di bestiame, mentre gli individui inferiori ai 7 anni erano esenti".

Come ricordato, la storiografia del secondo Novecento ha ridimensionato in controtendenza il precedente giudizio fortemente negativo sulla *crisi del Seicento* individuando proprio nelle campagne il punto di forza per ristabilire un equilibrio economico più velocemente della città e in grado di garantire una autosufficienza alimentare, soprattutto cerealicola, con una produzione addirittura eccedente tanto che una parte poteva venire esportata.

Di grande rilevanza per le vicende eminentemente locali del Vimercatese e della Brianza, nei secoli XVI e XVII furono le visite pastorali degli Arcivescovi metropoliti di Milano e la profondissima rilevanza delle istituzioni ecclesiastiche locali nella vita di tutti i giorni. Fondamentale elemento di cesura nella vita ecclesiastica di tutta la Lombardia fu il periodo di Carlo Borromeo.

L'arcivescovo Carlo Borromeo, giunto a Milano nel 1565, emanò le disposizioni per le visite pastorali, sottolineando la necessità in tali occasioni di esortare a una vita di religione e di rettitudine e diede le necessarie istruzioni per i visitatori: si doveva provvedere innanzitutto alla visita della chiesa esaminandone il grado di pulizia, decoro e di culto, quindi dei sepolcreti insiti nella chiesa stessa, delle reliquie e dell'archivio di cui si doveva redigere l'inventario con particolare attenzione ai registri di battesimo, matrimonio e morte. Un minuzioso esame era riservato ai membri del clero locale di cui si indagava il percorso di studi, il livello culturale, la diligenza nell'adempiere gli obblighi connessi alla propria mansione, la residenza e la condotta morale.

La legislazione sulle visite pastorali fu ulteriormente perfezionata nel concilio provinciale del 1576 con l'aggiunta di ulteriori istruzioni per i parroci che dovevano redigere per l'occasione della visita una notevole quantità di elenchi nei quali dovevano essere minuziosamente segnalati:

I padri di famiglia, i maestri, una serie di esercenti determinate professioni quali notai, medici, infermieri, tipografi, librai, pittori etc.

I prefetti o priori delle confraternite, le vedove, i poveri, gli osti e i locandieri

I possedimenti della parrocchia e le loro rendite

I bestemmiatori, gli inconfessi a pasqua, i coniugi separati, gli sposati in grado di consanguineità proibito, chi non manteneva un contegno sufficientemente rispettoso durante le funzioni in chiesa, chi profanava i giorni festivi, i giocatori di dadi o carte, gli sfaccendati, coloro che vestivano in maniera indecorosa, immodesta o volta a provocare tentazione.

La Pianura Padana può essere divisa da un punto di vista non solo morfologico, ma anche paesaggistico, in due grandi fasce longitudinali di altimetria e vastità variabile. Quella superiore è costituita dall'alta piana asciutta e quella inferiore, la Bassa irrigua. All'interno di queste due macro zone è poi possibile identificare ulteriori molteplici aree connotate ciascuna da elementi caratterizzanti diversi. Il confine tra le due macro aree è segnato dalla presenza dei *fontanili,* ovvero il fenomeno delle risorgive dovuto alle acque meteoriche inglobate dal suolo nell'alta pianura permeabile che scorrono verso la parte centrale della pianura sfruttando la pendenza naturale del suolo, ed in presenza di uno strato maggiormente impermeabile a valle, sono quindi costrette a emergere in superficie.

La conseguenza di questa situazione geo-morfologica sull'agricoltura fu che la Bassa irrigua richiese fin dai tempi più lontani un lavoro di disboscamento, di bonifica delle aree paludose e di regimentazione delle acque: tutte attività che richiedevano non solo un grande sforzo lavorativo umano ma anche l'esigenza di notevoli capitali che solo la costituzione di grandi aziende poteva consentire.

Le opere agrarie eseguite portarono in epoca comunale a creare la caratteristica situazione paesaggistica della *piantata padana* conseguente alla distruzione del patrimonio boschivo e alla realizzazione di un fitto reticolo di canalizzazione. Peraltro l'equazione tra vocazione naturale del territorio e tipologia di insediamento rurale non è pur sempre automatica ed è condizionata da altri fattori economici e sociali.

Il secolo XVI fu testimone di profondi e durevoli mutamenti nell'assetto paesaggistico e agricolo di queste terre - secoli di prima di altre aree basso lombarde, come quelle oltre il Ticino o ad est dell'Adda – concretizzatisi nei sorprendenti ritmi di crescita della produzione agricola (derivanti da nuove tecniche agronomiche e investimenti considerevoli di enti fondiari o grandi proprietari), massicce opere di canalizzazione, nella costruzione di nuovi complessi rurali, parecchi mulini e nuovi cascinali - da quel momento edificati in mattoni e non più impiegando unicamente materiali di legno e graticci come in precedenza – e nella ristrutturazione dei fabbricati più vetusti.

Altra componente che costituì una delle caratteristiche peculiari di questo paesaggio per lunghi secoli, fu il processo di dilatazione delle terre soggette a irrigazione mediante la capillare distribuzione delle acque nei campi grazie allo scavo di numerose rogge e fossi e allo sfruttamento dei fontanili.

Nella campagna soprana i fontanili più importanti e di più antica data erano quelli di Conigo, Copiago, Tavernasco, Domenegasco e Noviglio.

Secondo il Roveda il periodo di maggior disciplinamento della acqua tramite lo scavo e la canalizzazione delle rogge fu il XVI secolo; il secolo seguente, sia per i tracolli demografici e la conseguente riduzione della superficie impiegata, sia per la parossistica attività di antropizzazione del territorio dei secoli precedenti, vide una stagnazione nelle iniziative d'ingegneria idraulica.

Le rogge e in generale il disciplinamento delle acque, non costituivano solo un fattore economico di rilievo, ma lo erano anche sotto il profilo sociale, essendo oggetto di grande attenzione in vendite, infeudazioni, concessioni livellarie o cause e vertenze che riguardavano nobili e notabili locali nel loro esercizio della proprietà fondiaria.

Non è complesso comprendere le ragioni del grande sviluppo in termini di estensione e rilevanza percentuale dell'irriguo e della risaia, a rotazione ma soprattutto stabile, già nel XVI secolo.

Accanto ai sopracitati elementi di innovazione che furono tra i fattori di spinta verso un'economia agricola capitalistica, sussistevano ancora modelli arcaici di un'agricoltura medievale finalizzata al soddisfacimento delle esigenze di autoconsumo, fondate sulla coltivazione dei cereali associata a quella della vite. Tuttavia la crescente domanda di derrate alimentari da parte delle città e la diffusione congiunta delle marcite e dei campi a foraggio portò ad un incremento dell'allevamento soprattutto bovino, non più solo strumento vivo di forza lavoro ma destinato alla produzione di latte e dei suoi derivati e di carne – prodotti dal più alto valore aggiunto - e di conseguenza il prato venne ad occupare porzioni sempre più ampie del territorio.

Il prato divenne quindi l'elemento caratterizzante il paesaggio di questa area, soprattutto nella forma delle *marcite*, appezzamenti stabilmente irrigati per mezzo di un accurato sistema di canalizzazione idrica e la modesta ma costante e curatissima lieve inclinazione del suolo che consentiva lo scorrimento continuo sul terreno dell'acqua proveniente da una risorgiva.

Come già ricordato, la grande quantità di dati contenuti nel catasto di Carlo V ha consentito agli storici di fornire un quadro delle coltivazioni praticate all'epoca.

Secondo i dati di Salvatore Pugliese, agli inizi del XVI secolo, quasi il 7% del territorio dell'area compresa tra Milano e Pavia era occupato da boschi o brughiere e il 27% era destinato a prato a cui occorre aggiungere un 3 % di orti e di *aratorio moronato* (vale a dire con gelsi) mentre minima era l'incidenza dell'incolto e degli acquitrini, a differenza di quanto avveniva in altre zone della Bassa Lombardia dove sussistevano ancora estese aree incolte o paludose anche in vicinanza delle città.

In linea di principio si può affermare che nel XVI secolo la quasi totalità del territorio della Bassa Milanese era coltivata, e di questa oltre la metà era irrigata con la pratica dell'avvicendamento a prato che consentiva di ovviare al depauperamento del terreno indotto dalla cerealicoltura. Era ancora largamente presente, ed in alcune zone in maniera decisa prevalente l'arativo semplice accanto ad una robusta presenza dell'*avvitato* (terreno destinato alla vigna) indice del sussistere di antiche forme di consumo ma anche della richiesta urbana di imbottato il cui trasporto era facilitato dell'estesa rete di vie d'acqua.

Un ulteriore fattore che modificò gli equilibri agricoli fu rappresentato dall'avanzare sempre più impetuoso della risicoltura. Alla fine del Quattrocento, il riso che era ancora visto come un'erba medicinale e di cui non si era ancora appieno considerata la potenzialità quale nutrimento, occupava una parte minimale dei terreni coltivabili; nel corso del secolo successivo in conseguenza della sua assodata commercializzazione quale prodotto alimentare, conquistò una posizione continuamente più considerevole anche seppure non mantenendo sempre una posizione di stabilità e verificandosi rilevanti differenze tra le varie zone.

Nel XVI secolo il fenomeno più importante fu quindi rappresentato dal significativo progredire dell'irriguo che raggiunse e talora superò il 50% della superficie totale. Il cosiddetto prato adacquatorio era destinato a riso per un 20% ed a prato per un altro 35% circa.

Mentre nella prima metà del secolo l'estendersi della risicoltura avvenne a scapito quasi esclusivamente dei terreni a prato senza interessare le altre tradizionali culture, negli ultimi decenni del secolo l'ampliamento della superficie risata comportò la riduzione delle porzioni destinate sia a prato che alle altre coltivazioni. Nell'area giussaghese, una tra le più recettive della coltivazione del riso, le coltivazioni risultavano così caratterizzare il territorio: prato 21%, risati 25%, vitato 24%, aratorio 19%, prato vitato 6%, pascoli 3%, incolto 2%.

Nel loro complesso, irriguo e risaia costituirono percentuali rilevanti della Bassa Milanese, secondo i dati rielaborati dal Roveda a partire dalle evidenze catastali cinquecentesche, la superficie irrigua del Vicariato di Binasco passò dal 32.94 % del Cinquecento al 40.98% di metà Settecento, similmente la Pieve di Rosate dal 43.03% al 56.85%.

La conferma della tendente crescita di questi elementi è data dal caso specifico di Villamaggiore:

ANNO	% IRRIGUO	PERTICATO	% A PRATO	% A RISO
1558	36.81	8299	14.06	22.74
1591	64.5	9855	19.74	34.96
1688	73.97	9855	32.55	36.24
1730	84.35	7695	21.13	39.02

Le caratteristiche intensive delle coltivazioni che richiedevano grande disponibilità di acqua per l'irrigazione unitamente all'estensione dei possedimenti ed alla complessità dell'organizzazione produttiva per il cui esercizio erano necessari ingenti capitali, portarono alla diffusione e al quasi totale prevalere del sistema della grande affittanza quale rapporto di conduzione a partire dalla fase di ripresa del XVII secolo e nel pieno XVIII.

Accanto alle prevalenti grandi affittanze vi erano però anche numerosi contratti di livello. Il fenomeno più rilevante fu comunque l'incremento della superficie destinata alla risicoltura parallelamente alla stabilità o alla crescita del settore lattiero-caseario. Di particolare rilievo per il progresso l'affermazione dell'agricoltura capitalistica, la risicoltura richiedeva per i quattrocento anni a venire dopo la sua introduzione due elementi di prima importanza: la necessità di grandi capitali per fronteggiare i costi iniziali e correnti delle risaie e le necessità di approvvigionamento di manodopera bracciantile. Il primo elemento è ampiamente dimostrabile da dati riportati dal Faccini per i soli costi dell'acqua, pari a percentuali tra il 9 e il 20% tra i secoli XVI e XVIII dei costi totali; il secondo ampiamente rappresentato dalle masse di stagionali provenienti dall'Alta Lombardia dove predominavano sistemi agrari differenti a meno sviluppati. Il sistema produttivo di questo cereale, la cui rendita sul mercato molto maggiore rispetto agli altri cereali consentiva di superare i gravosi costi, non mancò di suscitare polemiche e dibattiti tra Settecento e Ottocento per le patologie – a torto o a ragione - che si credeva portasse e più tardi per la proletarizzazione del ceto contadino ridotto a stato di miseria bracciantile.

Tuttavia all'interno del territorio esaminato, lo sviluppo della risicoltura seppure generalizzato, registrò nelle diverse micro aree significative differenze percentuali attribuibili – in presenza di un territorio ambientalmente omogeneo e caratterizzato da abbondante disponibilità di acque – a diverse scelte colturali dei vari complessi rurali.

Ad esempio si ebbe uno sviluppo molto accentuato nella zona di Mairano e nel Novigliese dove occupò quasi il 50% della superficie globale raggiungendo punte eccezionali a Copiago (79%).

La coltivazione della vite mantenne una certa vitalità per tutta la prima metà del XVII secolo per poi ridursi progressivamente fino alla sua quasi totale scomparsa nel Settecento. Le rese dei vitigni erano piuttosto modeste e l'uva veniva lavorata sul posto direttamente dai contadini o portata ai torchi locali; il vino così prodotto veniva poi imbottato ed usato per il consumo o a fronte del pagamento di canoni e gabelle.

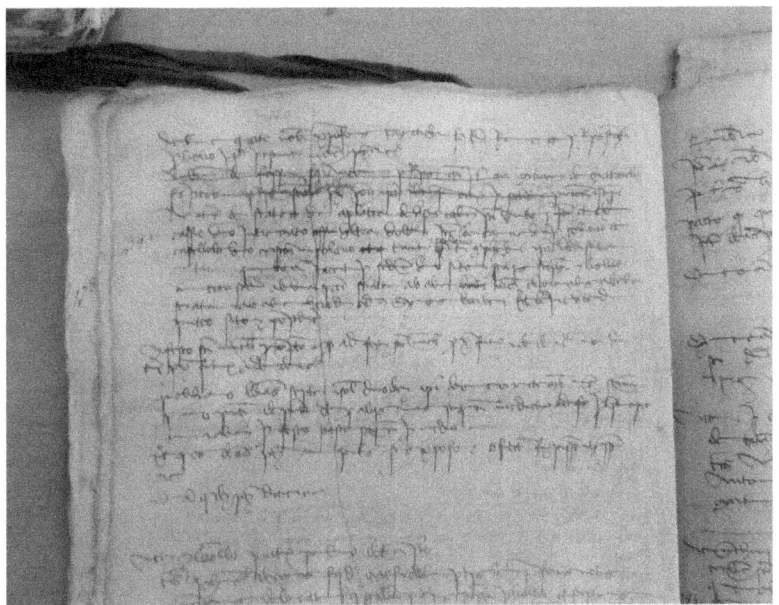

Tavola 1. Atto notarile datato 1415, rogato in Milano dal notaio Pietro Regni e in cui è parte tale Manzino de Mattavellis, diretto antenato dell'autore del contributo: si noti la tipica scrittura notarile con le frequenti abbreviazioni. (ASMI, fondo notarile, busta 86).

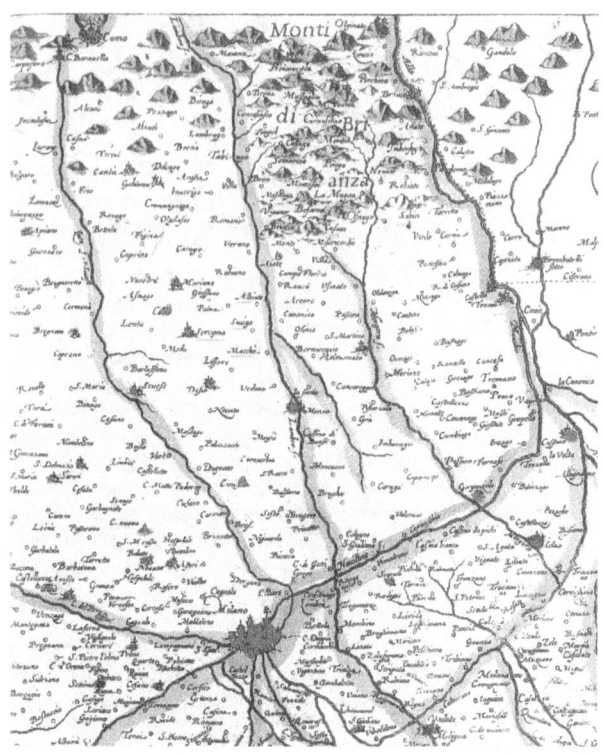

Tavola 2. Mappa dell'area settentrionale della diocesi di Milano riportante la suddivisione in pievi, riferibile al periodo del Borromeo, conservata presso l'Archivio Diocesano di Milano: si noti la fitta costellazione di parrocchie gravitanti attorno alla città, costellate dai cascinali e da cui si muovevano importanti flussi centrifughi e centripeti di popolazione, per ragioni di opportunità sociale e cambio merci, principalmente per le vie d'acqua.

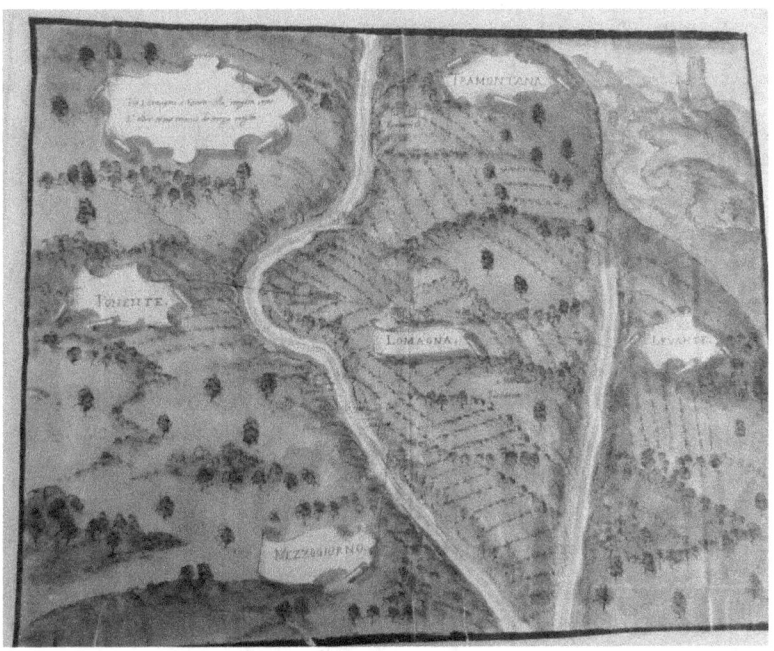

Tavola 3. Mappa acquarellata del territorio della bassa Brianza, conservata presso l'Archivio Diocesano di Milano, utilizzata da Carlo Borromeo durante le sue visite alle pievi della diocesi milanese, nei suoi spostamenti spesso effettuati a dorso di mulo. (Fotografia dell'autore del contributo)

I prodromi del Coperto dei Figini

Prodromi: *Soprattutto al plurale, circostanza, fatto, evento, che annuncia il manifestarsi di un altro avvenimento o fenomeno che avverrà.*

Con un ardito volo pindarico, si potrebbe dire che il Coperto dei Figini abbia avuto le sue origini addirittura quasi un secolo prima della sua effettiva costruzione (anni settanta del Quattrocento) e, più precisamente, sabato 6 maggio 1385.

Quel giorno si sarebbe prodotto un evento, *il prodromo* del titolo, che avrebbe cambiato per sempre la storia della piazza, dove vi erano allora le due cattedrali di Milano.

Come ricorda Ambrogio nella sua *Introduzione,* "Per oltre mille anni Santa Tecla è stata una delle due cattedrali di Milano: una delle due chiese che formavano il centro liturgico della città e della diocesi. Insieme a Santa Maria Maggiore, che era l'altra cattedrale, Santa Tecla occupava l'area su cui oggi esistono il Duomo e la sua piazza; precisamente, Santa Maria Maggiore sorgeva all'interno del perimetro odierno del Duomo; Santa Tecla, che le stava davanti, occupava la porzione settentrionale della piazza."

In particolare Santa Tecla, quel giorno, non sapeva che il suo destino, nel secolo successivo sarebbe stato quello di essere una "costola" del Coperto dei Figini sorto sui resti della navata aquilonare di Santa Tecla dopo la demolizione.

Ma perché fu così importante quel giorno e cosa successe?

Per capirne l'importanza e le conseguenze, dobbiamo tornare indietro di qualche decennio e conoscere, in parte, la storia della Milano di quell'epoca.

1) La situazione politica a Milano nella seconda metà del Trecento

Negli anni dieci del Trecento, a Milano si era ormai consolidato il potere dei Visconti, iniziato con l'arcivescovo Ottone come possiamo vedere nella **Tav. 1 (Successione dei Visconti)** dove sono evidenziati i personaggi di interesse in questa vicenda

Partiamo da quello che accadde alla morte del Signore di Milano Luchino Visconti, nel 1349

A succedergli fu Giovanni che, durante il dominio del fratello, era diventato Arcivescovo di Milano.

Paolo Giovo, nel descriverlo, sottolinea come l'arcivescovo non fosse tanto animato da spirito religioso ma «, tutte quelle virtù che render possono un Principe ragguardevole, in sé raccolse: stimò angusti per il grand'animo suo i confini del principato de' suoi antenati, e perciò lo allargò sin dove s'estese il suo desio di maggior gloria»[155].

In effetti «L'Arcivescovo Giovanni, rimasto solo al potere, riuscì a mettere a segno due grandi colpi, l'acquisizione di Bologna nel 1350 e Genova nel 1353; conquiste in realtà effimere, ma destinate a costituire un lungo obiettivo politico per i signori di Milano»[156].

Per Giovanni Visconti la strategia per ingrandire lo stato passava anche attraverso un'accorta politica matrimoniale per consolidare opportune alleanze, cosa possibile solo con successori legittimi come i nipoti Matteo, Bernabò e

---

[155] Giovio, *Le vite dei dodici Visconti*, p. 82.

[156] Gamberini e Somaini, *L'età dei Visconti e degli Sforza 1277-1535*, p. 26.

Galeazzo, figli dell'altro fratello Stefano.

Per questo motivo l'arcivescovo fece rientrare i nipoti Galeazzo e Bernabò dall'esilio «a cui li aveva condannati Luchino per sospetti di complicità nella congiura di Francesco Pusterla»[157].

Il terzo fratello, Matteo, che era stato fatto sposare in precedenza con la nipote del marchese di Mantova, aveva già avuto il permesso di rientrare a Milano mentre vi era ancora Luchino.

I nipoti Bernabò e Galeazzo II furono fatti accasare il 27 settembre del 1350, il primo a Verona con Beatrice Regina figlia di Mastino II della Scala e il secondo a Rivoli con Bianca, sorella del conte di Savoia.

Così Corio ci descrive la morte di Giovanni e la sua successione «... al principio di ottobre [del 1354] ... in un giorno di domenica alle ore quattordici Giovanni Visconti già ammalato sino dall'antecedente agosto, ed avendo istituito eredi del vastissimo suo dominio Matteo, Bernabò e Galeazzo figli di Stefano suo fratello, ricevuti con somma divozione i santissimi Sacramenti, rese l'anima a Dio».

Sulla divisione del suo dominio Corio scrive «Agli undici di ottobre Carlo imperatore [Carlo IV di Lussemburgo] giunse a Forlì; e nel giorno medesimo, in un sabbato [...], fu fatta una transazione di tutte le città e terre lasciate dal già arcivescovo tra Matteo, Bernabò e Galeazzo, per cui a Matteo toccò in parte Lodi, Piacenza, Bologna, Lugo, Cremona, Bobio, Pontremoli e Borgo san Donnino. A Bernabò Cremona, Crema, Soncino, Bergamo, Brescia, Valcamonica, Lonato con la riviera del Lago di Garda, Ripalta e Caravaggio col ponte di Vaprio. A Galeazzo Como, Novara, Vercelli, Asti, Alba, Alessandria, Tortona, Castel Nuovo,

---

[157] Cusani F., *Storia di Milano dall'origine ai nostri giorni*, p. 177.

Basignano, Vigevano, col ponte del Ticino, sant'Angelo, Montebuono e Mairano; Genova rimase in potere di tutti e tre; ed a Milano posero un solo pretore: il quale comunalmente rendeva giustizia»[158].

Questa suddivisione teneva conto della provenienza e degli interessi delle spose dei tre fratelli. Infatti a Matteo II fu assegnata la parte sub padana (con accesso da Lodi), a Bernabò toccò la parte orientale (con accesso da Vaprio) e, al più giovane, Galeazzo II, la parte occidentale.

Milano fu divisa secondo lo stesso criterio adottato per i beni personali dell'Arcivescovo ma sotto un solo Podestà, nominato a turno dai fratelli.

Solo Genova e il suo territorio restavano sotto il potere comune dei tre fratelli.

Questa tripartizione del potere durò poco perché Matteo morì l'anno successivo, nel 1355, lasciando quindi gli altri due fratelli a governare congiuntamente la Signoria.

Le cause di questa morte non sono chiare. Per alcune fonti, la rapida scomparsa del Visconti era stata causata dagli stravizi. Pietro Azario, con particolari piuttosto scabrosi, racconta che «... il signor Matteo, che dopo la divisione abitava a Milano nella casa del fu signor Arcivescovo, conduceva una cattiva vita, manteneva nel proprio letto molte belle ragazze anche della nobiltà di Milano, e trascurava la propria persona. Pensava solo a insozzarsi nel vizio della lussuria. Era migliore degli altri suoi fratelli per virtù, soprattutto per facondia, nella quale non aveva simili ne pari tra i maggiorenti della Lombardia. Così sprecando il proprio tempo con le donne [...], benché pingue e in forma, perse d'improvviso la vita nel 1357»[159].

---

[158] Corio B., *Storia di Milano*, p. 179.
[159] Azario P., *Cronaca della Lombardia e dei Visconti*, p.80.

Analoga è l'opinione di Bernardino Corio, con particolari ancora più piccanti; questi solleva anche l'ipotesi di un avvelenamento.[160]. Quest'ultima ipotesi, sostenuta anche dal cronista della nemica Firenze Matteo Villani, è certo una spiegazione abbastanza frequente all'epoca.

Se effettivamente si trattò di un assassinio, colpisce il motivo che avrebbe spinto Bernabò e Galeazzo, non molto tempo dopo la loro salita al potere, all'omicidio.

«Recandosi un giorno il medesimo (Matteo) co' so fratelli a Crescenzago; Galeazzo e Bernabò discorso facendo ebbero a dire: che bella cosa aver signoria, al che Matteo rispose: se non avesse compagnia. Pel che i suoi fratelli congiurarono tosto contro di lui, e nella seguente sera lo avvelenarono nel lombo di maiale, di cui era ghiottissimo»[161].

Con la successione allo zio Giovanni, nel 1354, i fratelli si erano trasferiti in dimore adeguate al loro nuovo status, Questa sistemazione non cambiò con la morte di Matteo; i due fratelli superstiti «in equal modo divisero la città di Milano; cioè porta Romana, porta Tosa, porta Orientale con porta Nuova a Bernabò; porta Comasina, porta Vercellina, porta Giovia e porta Ticinese a Galeazzo»[162].

Fra i due fratelli non vi è dubbio che prevalesse Bernabò, definito il *diavolo*, carattere sanguigno, crudele, su cui si è scritto tanto a differenza del fratello Galeazzo, freddo e distaccato anche se non meno ambizioso e, in maniera diversa, ugualmente spietato.

---

[160] Corio B., *Storia di Milano*, pp. 196-197. "Alcuni asseriscono d'aver letto nell'archivio di sant'Eustorgio di questa città, un testamento fatto da Valentina sua madre, la quale imprecò e maledisse a Bernabò e Galeazzo autori della morte del predetto Matteo".
[161] *Ibidem* p. 197.
[162] *Ibidem*.

Di quest'ultimo conosciamo il cosiddetto editto della Quaresima. Pietro Verri scrive «L'Azario [Pietro Azario, dalla *Storia di Milano, Tomo Primo*] poi ci ha tramandato l'editto col quale quel principe ordinò a' suoi giudici qual carnificina dovessero far eseguire contro i rei di Stato. Egli immaginò il modo per far soffrire atrocissimo strazio per *quarantun giorni*, riducendo un uomo sempre all'agonia senza lasciarlo morire."

Molto diversa la situazione familiare dei due. Bernabò sposato con Regina della Scala, ebbe dalla moglie ben quindici figli ma le fu molto infedele; si conoscono infatti numerose sue amanti da cui nacquero diversi altri figli.

Il secondo, Galeazzo II, sposato con Bianca di Savoia, ebbe soli tre figli; Gian Galeazzo, Maria e Violante; non si hanno notizie di pubbliche infedeltà.

Ai nostri fini interessa il primogenito, Gian Galeazzo. Come scrive Corio «In sul principio del predetto anno [1353] a Galeazzo Visconti nacque un figlio che, a memoria dei due zii paterni, chiamò Giovanni Galeazzo. E costui fu quello che pel primo ottenne il titolo di duca di Milano, come narreremo più innanzi»[163]

Alla morte del padre Galeazzo, il 4 agosto del 1378, Gian Galeazzo ne divenne il successore ed oltre ai territori ereditò dal padre anche un carattere freddo, risoluto, ma mantenne un atteggiamento cauto nei confronti dello zio Bernabò. Fu molto attento a non far trapelare i propri ambiziosi progetti, a mantenersi nei domini ereditati e fece di Pavia il suo centro di potere.

Bernabò, interpretando i suoi atteggiamenti come segno di debolezza, cercò di imporre la propria autorità su tutti i figli di Galeazzo. Il massimo risultato lo ottenne facendo sposare

---

[163] *Ibidem* p. 171-172.

la propria figlia Caterina a Gian Galeazzo, nonostante fossero cugini primi.

Bernabò pensava così di avere reso inoffensivo il nipote e di poter spadroneggiare sui domini comportandosi, anche se non formalmente, come l'unico Signore.

Gian Galeazzo continuava a mantenere una condotta remissiva, non mostrando l'ambizione da cui era guidato e dando così l'impressione di non essere in grado di controbattere le azioni dello zio. Bernabò riusciva sempre ad intromettersi con efficacia nei progetti del nipote, riuscendo anche a far fallire il tentativo del più giovane Visconti di ottenere la corona di Sicilia.

Il vecchio Signore di Milano era sempre più convinto di non aver niente da temere dal più giovane nipote e questo fu il suo più grosso errore.

Così quando Gian Galeazzo scrisse allo zio che, di passaggio a Milano per un pellegrinaggio al Sacro Monte di Varese **sabato 6 maggio 1385** (l'evento, *il prodromo* del titolo) voleva salutarlo, Bernabò non sospettò nulla e si recò all'incontro a dorso di mulo accompagnato da due dei suoi figli ma senza guardie al seguito.

Gian Galeazzo, al contrario, era accompagnato da numerosi e fedelissimi armigeri che lo seguivano perché lo stesso Galeazzo si *dichiarava preoccupato che qualcuno potesse attentare alla sua vita*. Ad un suo cenno gli armati arrestarono, senza incontrare alcuna resistenza, Bernabò che venne imprigionato nel castello di Trezzo dove morì, probabilmente avvelenato da un piatto di fagioli che erano la sua passione. Questa presunta fine di Bernabò ricorda molto quella del più vecchio dei tre fratelli, Matteo II. Anche lui, come riportato sopra, forse, era morto avvelenato mangiando un piatto di lombo di maiale che amava moltissimo. Come è noto, questa è una spiegazione abbastanza frequente all'epoca nel caso di morti improvvise. Gian Galeazzo, che aveva preparato con molta attenzione la conquista del potere, riuscì, senza particolari contrasti, a diventare l'unico Signore di Milano. Per consolidare il suo potere, mise in atto (trovando un insperato alleato nel papato per il quale Bernabò era il diavolo) una *damnatio memoriae* nei confronti dello zio. Vi sono infatti numerosi testi dell'epoca che descrivono i più efferati atti di crudeltà di Bernabò, veri o inventati che fossero.

In particolare Gian Galeazzo «per evitare l'accusa di usurpazione, fece peraltro circolare una lettera in cui giustificò la sua azione contro Bernabò, ribaltando lo svolgimento dei fatti: accusò lo zio di aver organizzato un attentato contro di lui. Date le festose reazioni del popolo di Milano, finalmente liberatosi dalla trentennale tirannia di Bernabò, questa versione non tardò a essere considerata veritiera»[164].

Tuttavia, quasi in contrasto con questa impostazione, nacquero numerose leggende che coinvolgevano Gian Galeazzo ed il suo impegno iniziale, vero o presunto, nella costruzione del Duomo, in relazione proprio alla deposizione, con un inganno, dello zio.

Alcune di queste sono riportate più avanti,

Gian Galeazzo si trattenne in Milano per un tempo limitato, al fine di rafforzare la sua presa di potere ma già nel giugno dello stesso anno (1385) era ritornato alla propria corte, a Pavia. Qui abitava nell'imponente e lussuoso castello fatto edificare dal padre Galeazzo, preferendola a Milano.

---

[164] Vaglianti M.V., *Milano e i Visconti,* Università degli Studi di Milano, Facoltà di lettere e filosofia, p.19.

Non vi era solo la consuetudine a vivere nella città dove aveva passato tanti anni. Risiedere proprio in quella che era stata a lungo la capitale dei Longobardi e poi del Regno d'Italia fondata da Carlo Magno avrebbe potuto permettergli di avanzare, prima o poi, diritti sull'intera Italia settentrionale.

Ma questa scelta avrebbe potuto ridimensionare il ruolo centrale di Milano.

Il dominio visconteo (**Tav.2: il Ducato di Milano al tempo di Galeazzo Visconti**) era una aggregazione di città che riconoscevano quali loro signori i Visconti e la città ambrosiana non godeva di uno status particolare. Certamente il suo peso demografico, economico e politico, aveva un diverso e più pesante rilievo nella ripartizione degli incarichi governativi.

Se questo ruolo avesse subito un declassamento, non ne avrebbe risentito solo la classe dominante ma anche l'intera città. Infatti sarebbero stati a rischio molti privilegi che esistevano da tempo, quali, per esempio, vantaggi daziari e commerciali alle merci prodotte a Milano e, di conseguenza, ne avrebbe risentito tutto l'indotto.

Analogamente una riduzione dell'importanza della corte viscontea milanese avrebbe creato un depauperamento per tutti coloro che lavoravano principalmente, ma non solo, nei settori alimentari, abbigliamento, oreficeria. Infatti fino ad allora era stato speso molto denaro per mantenere elevato il tenore della residenza ducale con l'acquisto di cibo, vestiti, gioielli e così via.

Questi timori alimentavano un forte malcontento a Milano che non poteva trovare sfogo in pubbliche azioni dato il saldo controllo con cui Galeazzo teneva in pugno la città dove aveva posto numerose guarnigioni.

Milano aveva però un asso nella manica e cioè la sua importanza dal punto di vista ecclesiastico visto il ruolo religioso che aveva acquisito con la carismatica figura di sant'Ambrogio, tuttora venerato e che era parte fondante dell'identità urbana.

Proprio sfruttando questo aspetto la città avrebbe potuto rispondere, senza correre rischi, alla possibile riduzione del suo ruolo, un pericolo che sembrava aleggiare concretamente.

In questo contesto, non può sorprendere quindi la decisione di costruire una nuova basilica in sostituzione delle due esistenti; una cattedrale monumentale costruita in dimensioni e materiali tali da porsi come riferimento per l'intero dominio visconteo, a dimostrazione della centralità e importanza di Milano.

Tale grandiosa impresa, nata sotto la spinta dell'autorità ecclesiastica e dei fedeli, avrebbe anche potuto unire sia i restanti sostenitori degli eredi di Bernabò che quelli di Gian Galeazzo.

In passato si è dibattuto a lungo se l'erezione della nuova cattedrale sia dovuta all'iniziativa di Gian Galeazzo. Per alcuni si trattava di un atto di ravvedimento e di penitenza per farsi perdonare i molti delitti commessi a partire dalla defenestrazione e, probabilmente, all'assassinio dello zio.

Per altri lo scopo del Visconti era quello di ottenere dalla Madonna la grazia di un figlio maschio, impegnandosi a chiamare Maria il nascituro. In effetti Galeazzo ebbe due figli maschi e, come da promessa, li chiamò: Giovanni Maria e Filippo Maria.

Oggi tutti sono concordi nel ritenere che l'iniziativa della costruzione del Duomo sia appartenuta al clero, guidato dall'arcivescovo Antonio da Saluzzo ed al popolo ambrosiano.

Sicuramente vi era stato qualche assenso, esplicito o tacito, dal Visconti: sarebbe stato troppo pericoloso mettersi apertamente contro di lui.

Se Galeazzo non è stato il fautore della costruzione della nuova cattedrale, certamente era troppo accorto per non pensare che questo progetto lo avrebbe dovuto vedere in un ruolo importante. Ed infatti ben presto il Visconti si prodigò perché fossero facilitate le offerte per l'impegnativa iniziativa e si lasciò coinvolgere sempre di più. In particolare mise a disposizione le cave dei marmi di Candoglia e accordò forti sovvenzioni ed esenzioni fiscali.

Per esempio ogni blocco destinato al Duomo era marchiato AUF (Ad usum fabricae), cioè esente da qualsiasi tributo di passaggio e da qui nasce il detto milanese, ad ufo, cioè senza pagare.

Sui tutti i vari interventi che il Signore di Milano promosse per la costruzione del Duomo, vennero fatti, ne troviamo abbondante traccia nei tanti testi sulla costruzione del Duomo, di cui alcuni indicati nella bibliografia.

Con le informazioni fino ad ora riportate si può capire come quel sabato del 5 maggio 1385, il forzato passaggio di consegne fra Bernabò e Galeazzo producesse una serie di eventi, *i prodromi del titolo*.

Infatti la costruzione del Duomo portò, nel tempo, come riporta Ambrogio, a "dare la dimensione, il respiro, la forma di piazza a un luogo urbano dove fino ad allora erano esistiti solo alcuni angusti spazi: lo Spatio terrae vachuae" presso Santa Tecla, la "Platea Arengi", e la "patea piscaria". Infatti "Demolita la Chiesa di Santa Tecla nel 1461-62 le botteghe dei Borsinari le sopravvissero, appoggiate al muro nord della chiesa, sfruttato insieme allo spazio delle navatelle per la costruzione del Coperto dei Figini"

Ancora: "La ristrutturazione della contrada dei Borsinari e la rimozione della vecchia struttura porticata, sostituita da più solide botteghe, vennero effettuate nello stesso periodo in cui venne demolita la chiesa e costruito il Coperto dei Figini, nella prospettiva del conferimento di un maggior decoro alle costruzioni commerciali **sulla piazza della Chiesa Maggiore."**, l'attuale Piazza del Duomo.

"Ciò che rimase di Santa Tecla sopravvisse solo perché legato ai mercati: il Paradiso resistette per circa un secolo in virtù della persistenza delle attività che ospitava, e il muro nord della chiesa, scampato alla distruzione grazie alle botteghe dei Borsinari che ad esso si appoggiavano, venne progressivamente inglobato nella struttura del Coperto dei Figini. Né il vasto spazio immediatamente prospiciente il Duomo, scomparsa Santa Tecla, venne organizzato scenograficamente e stilisticamente come fosse convenuto ad una tipica piazza del Rinascimento, rimanendo al contrario occupato da intere file di botteghe ameno per tutto il Seicento."

Così negli anni settanta del Quattrocento, su parte dell'area demolita basilica di Santa Tecla, sorse il Coperto dei Figini che ci ha ben descritto l'amico Ambrogio nelle *Letture sul Coperto dei Figini*.

2) Leggende su Gian Galeazzo e la costruzione del Duomo di Milano.

Come si è accennato sopra, si è ritenuto per parecchio tempo, che l'erezione della nuova cattedrale fosse dovuta a Gian Galeazzo per i motivi più diversi e da questa credenza sono nate diverse leggende.

Nel seguito sono raccontate quelle che si rifanno ad una mitologia satanica attorno al Duomo; si tratta di tradizioni orali tramandate fino ad oggi.

Le tre leggende seguenti hanno tutte un inizio pressoché uguale.

In tutte quante si racconta cosa avvenne una notte, agli inizi del 1386, quando ormai da un anno Gian Galeazzo aveva catturato lo zio Bernabò, imprigionato e poi morto nel castello di Trezzo sull'Adda.

L'ormai unico Signore di Milano, mentre stava dormendo, veniva svegliato da un rumore come di zoccoli e da una forte puzza di zolfo. Aperto gli occhi, si trovava di fronte l'orribile figura del ....

Prima leggenda

Nella prima leggenda, la più nota, la figura che incombe su Gian Galeazzo è quella del Diavolo. Satana in persona gli ordinava, se non voleva perdere la sua anima dopo i misfatti contro lo zio, di dedicargli una grande cattedrale, ricca di simboli satanici.

Si trattava di un sogno o era un vero e proprio incontro col Diavolo? Terrorizzato, il Signore di Milano, pochi giorni dopo, prese accordi con l'arcivescovo Antonio da Saluzzo per iniziare la costruzione di una nuova cattedrale dedicata a Maria Nascente. Questa avrebbe preso il posto delle due basiliche, l'invernale, Santa Maria Maggiore, e quella estiva, Santa Tecla.

Il Visconti, ovviamente, si guardò bene dal raccontare il vero motivo di questa iniziativa.

Per adempiere alla richiesta del signore del male, Gian Galeazzo si accordò poi con gli architetti perché collocassero diverse sculture che rappresentassero il demonio. Gli architetti così fecero costruire i "gargolla" o "garguglia" (spesso chiamati con termine inglese "gargoyle")[165] rappresentanti figure di demoni ed esseri affini.

Seconda leggenda

Anche nella seconda leggenda Gian Galeazzo si trova di fronte l'orribile figura del Diavolo che gli diceva che molto presto sarebbe venuto a portargli via l'anima. Il Signore di Milano non riusciva a capire se fosse stato solo un sogno o un incontro reale con il Diavolo.

Non sapendo come fare per evitare questa terribile sorte e quanto mai spaventato, decise di consultare i più grandi saggi del suo ducato per avere una via di uscita. Uno di questi suggerì che, per esorcizzare questa presenza malvagia, bisognava immobilizzarla, pietrificarla in una struttura sacra. Gian Galeazzo decise di fidarsi di questo consiglio e prese accordi con l'arcivescovo Antonio da Saluzzo per iniziare la costruzione di una nuova cattedrale dove *"pietrificare* il Diavolo* ". Così gli architetti che si misero al lavoro, realizzarono i *"gargolla"* con figure di demoni, figure fantastiche e mostruose.

In realtà i *"gargolla"* sono elementi architettonici con la funzione di doccione, cioè sono la parte finale di un sistema di scarico per l'acqua piovana che si protende da un cornicione o da un tetto, con lo scopo di far defluire l'acqua piovana, impedendo che questa, scorrendo lungo i muri, li danneggi o penetri nelle fondazioni. Tali elementi si trovano sia in molte chiese e cattedrali cristiane, ma anche su edifici civili (come municipi) del periodo medioevale.

---

[165] Da wikipedia.org: *Gargolla* e *garguglia* vengono dal francese *gargouille* che a sua volta deriva dal latino *gurgulio, -onis*, termine onomatopeico collegato al gorgoglìo dell'acqua che passa attraverso un doccione. L'inglese *gargoyle* ha lo stesso etimo.

Vari esempi di "gargolla" sono riportati in **Tav.3** sia relativamente ai 96 presenti sulle guglie del Duomo di Milano che a quelli posti in altre basiliche.

Terza leggenda
In questa terza leggenda la figura che sveglia Gian Galeazzo non è il Diavolo con la d maiuscola, ma il diavolo nel senso dello zio Bernabò che, come sappiamo, aveva quest'appellativo per le sue crudeltà.

Bernabò, nel ricordargli l'inganno con cui era stato catturato ed il suo successivo avvelenamento, gli anticipava che presto anche lui Gian Galeazzo sarebbe morto e, per quello che aveva fatto, la sua anima sarebbe stata trascinata all'Inferno dove lui già si trovava.

Il Signore di Milano, molto turbato da questo incontro, decise che doveva fare qualcosa d'importante per la Chiesa per non fare la fine dello zio. Gli venne l'idea che forse avrebbe potuto salvarsi intraprendendo la costruzione di una nuova e monumentale cattedrale che avrebbe dovuto essere un unicum nel mondo cristiano.

Secondo questa leggenda, fu proprio Gian Galeazzo a volere un progetto estremamente ambizioso sia nei materiali scelti per la costruzione, il marmo di Candoglia, sia nelle forme architettoniche scegliendo quelle del tardo gotico di ispirazione renano – boema. Per salvarsi l'anima il Visconti intendeva dare alla città un grandioso edificio al passo con le più aggiornate tendenze europee.

A differenza delle due precedenti leggende, in questa non si parla dei "gargolla" che però sono ben presenti sul Duomo con funzioni tecniche o decorative senza che il Diavolo debba mai essere intervenuto.

Tav. 1 Successione dei Visconti, dal fondatore, Ottone, all'ultimo discendente, Filippo Maria, dal 1277 al 1447.[166]

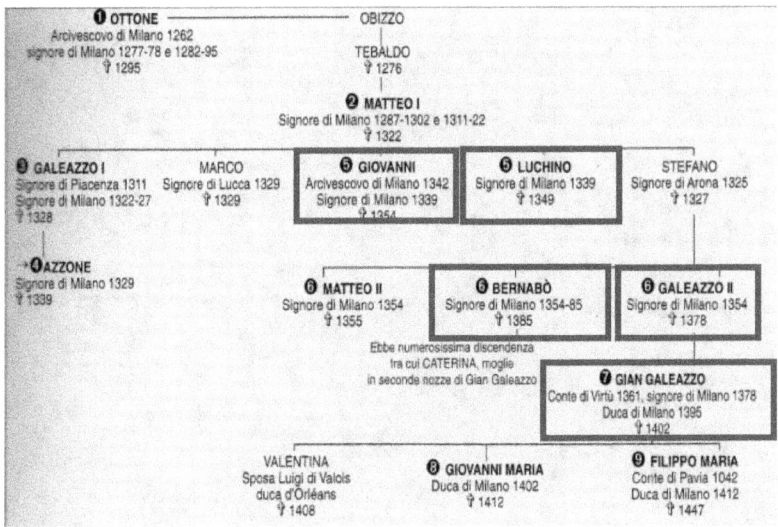

[166] Vaglienti M.V., *Milano e i Visconti*.

TAV.2 Il Ducato di Milano ed i domini dei Visconti all'inizio del XV secolo, al tempo di Galeazzo Visconti (1385-1402), quando il dominio raggiunse la massima potenza [167]

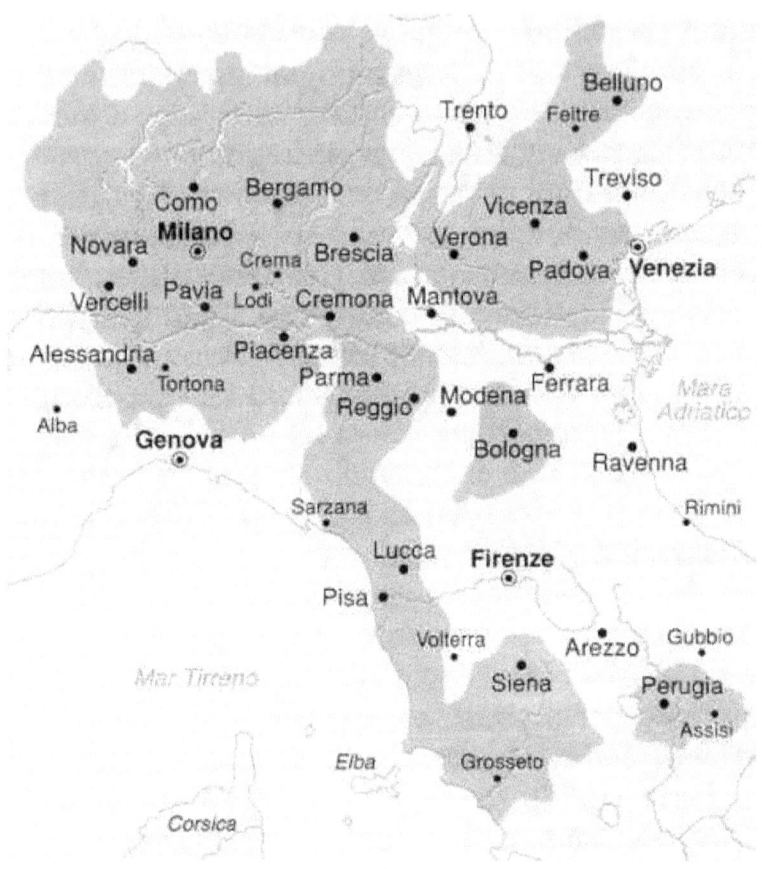

[167] www.roberto-crosio.net 472 × 530

Tav. 3 Vari esempi di *gargolla* o *garguglia* (spesso chiamati con termine inglese gargoyle)

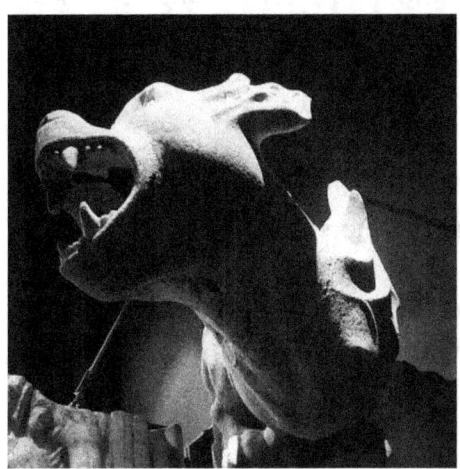

Doccione duomo di Milano zoomorfo[168]

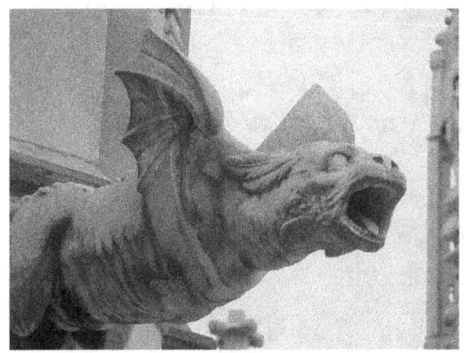

Gargolla a forma di drago, duomo di Milano.[169]

---

[168] Museo del Duomo Foto: Giulia Minenna
[169] Di Bramfab - mia fotografia, GFDL,
https://it.wikipedia.org/w/index.php?curid=1405200

Bibliografia

Azario P., *Cronaca della Lombardia e dei Visconti (Chronicon de Gestis Princioum Vicecomitum)* Liutprand reprint, Pavia, 1977

Bagnoli R., *Il Duomo di Milano, notizie storiche e descrittive*, Maestri Arti Grafiche, Milano 1950

Corio B., *Storia di Milano*, riveduta e annotata dal Prof. Angelo Butti e dal Luigi Ferraio, II, ristampa anastatica, Cisalpino - La Goliardica, Milano 1975

Cusani F., *Storia di Milano dall'origine ai nostri giorni e cenni storici sulle città e provincie lombarde*, Pirotta, Milano, 1861

Gamberini A.C., Somaini Francesco, *L' età dei Visconti e degli Sforza 1277-1535*, Skira, Milano 2001

Giannetti M., *Bernarda Visconti: una truffa quattrocentesca*, Italia Medioevale, Milano 2016

Giovio P., *Le vite dei dodici Visconti*, tradotte da Lodovico Domenichi, Libreria Meravigli Editrice, Vimercate, 2002

Grillo P., Nascita di una cattedrale – 1386-1418: la fondazione del Duomo di Milano, Mondadori, Milano 2017

Marchi C., *Grandi peccatori grandi cattedrali*, Rizzoli, Milano 1987

Reggiori F., *Il ducato visconteo – sforzesco nella storia della Lombardia*, Mediocredito Regionale Lombardo 1971

Vaglienti M.V., *Milano e i Visconti,* Università degli Studi di Milano, Facoltà di lettere e filosofia

Numismatica all'ombra del Coperto: monete e prezzi nella Milano di Galeazzo Maria Sforza (1466-1476)

La storia della zecca di Milano è lunga e gloriosa; inizialmente aperta dall'imperatore romano Gallieno (253-268) continuò a operare fino alla caduta dell'Impero romano d'Occidente (476).

Durante la parentesi ostrogota, probabilmente, la zecca non fu attiva[170], riprendendo le coniazioni solo con Desiderio (756-754) ultimo re dei Longobardi.

La zecca milanese continuò la sua attività, anche se con alcune interruzioni, fino al 1892 quando, dopo l'unità italiana (1861) e il trasferimento della capitale in Roma (1870), la coniazione di moneta fu demandata alla sola zecca romana[171].

Le monete qui esaminate sono quelle che si riferiscono al ducato di Galeazzo Maria Sforza (1466-1476), in altre parole negli anni in cui si pone la costruzione del *Coperto* dei Figini.

Il quinto duca di Milano assunse il potere, sotto la tutela della madre Bona di Savoia, alla morte del padre Francesco Sforza nel 1466.

Il suo ducato fu caratterizzato da un grande sostegno alle arti; alla committenza di opere artistiche si univa una corte di grande sfarzo e magnificenza, pagata però a caro prezzo con un forte aumento della tassazione. Ciò esasperò la popolazione del ducato e generò preoccupanti recrudescenze repubblicane che portarono alla drammatica fine del suo governo; nella giornata del 26 dicembre 1476,

---

[170] Cairola A., Le antiche zecche d'Italia, p.86.
[171] Chiaravalle M., Milano in "Le zecche italiane fino all'Unità" a cura di L. Travaini, p, 869.

all'uscita della chiesa di santo Stefano, lo Sforza finì assassinato per mano di alcuni nobili[172].

Dal punto di vista numismatico, il periodo del ducato di Galeazzo Maria (1466-1476) riveste un grande interesse.

Sono giunti fino a noi dei carteggi che mostrano come il duca intervenisse in prima persona nelle scelte di politica artistica della sua zecca, richiedendo spesso nuovi ritratti o modifiche di quelli già esistenti[173].

In questo periodo furono coniate monete in oro, argento e mistura, una lega di rame e argento dove quest'ultimo rivestiva la minima parte.

A lui inoltre si deve la riforma del 1474 che introdusse un nuovo nominale, in altre parole un'innovativa moneta di valore più elevato delle precedenti, chiamata *testone*.

L'appellativo *testone*, inizialmente utilizzato per i doppi ducati e i ducati in oro, passò poi a indicare il grossone da 20 soldi e il grossone da 10 soldi chiamato anche mezzo testone[174]; il nome di queste monete derivava dal grande ritratto del duca che campeggiava al dritto della moneta.

Sempre sotto il ducato di Galeazzo Maria si deve lo spostamento della sede fisica della zecca, trasportata in quella che oggi è la via Zecca Vecchia, a pochi passi dal luogo in cui sarebbe stata edificata la Veneranda Biblioteca Ambrosiana.

Le monete che saranno illustrate sono quelle più rappresentative, giacché di ogni nominale, o valore della

---

[172] Toffanin A., La zecca di Milano in "Bollettino di Numismatica", n. 43, p.7.

[173] Toffanin A., La zecca di Milano in "Bollettino di Numismatica", n. 43, p.9.

[174] Toffanin A., La zecca di Milano in "Bollettino di Numismatica", n. 43, p.11.

moneta, qui riportato, esistono varianti anche significative di tipo, cioè di disegno della moneta e di legenda, queste non saranno qui citate per ragioni di sintesi e spazio.

La monetazione aurea di Galeazzo Maria era costituita da due nominali, il doppio ducato e il ducato. Entrambi i tipi riportavano al dritto il busto del duca corazzato a testa nuda volto a destra e la legenda, in doppio cerchio perlinato e aperta da una testina di sant'Ambrogio, G3 • MA • SF • VICECOMES • DVX • MLI • V •. La legenda nel doppio ducato si differenzia semplicemente perché il modulo di maggior diametro (circa 33 mm.) garantiva un'abbreviazione meno contratta della legenda, trasformando il • MLI • in • MELI • (di Milano).

Il doppio ducato presentava al rovescio il leone sforzesco accovacciato volto a sinistra in mezzo alle fiamme, con la zampa destra che regge il tradizionale tizzone con le secchie. Questa è un'impresa allegorica, un simbolo, risalente a Galeazzo II Visconti (1320 –1378) che può significare l'ardore, cioè i tizzoni incandescenti, moderato dalla prudenza, raffigurata come secchie d'acqua pronte a smorzarli[175].

Questo Leone ha in capo un cimiero che reca l'iscrizione ICH / HOF (io spero) nel campo, in alto, a sinistra, sono presenti le lettere G3 e a destra la M; La legenda, sempre racchiusa in doppio cerchio perlinato aperto dalla biscia viscontea, recita: PAPIE • ANGLE • Q3 • CO • AC • IANVE • DNS • 3C'•. Il doppio ducato aveva un peso medio di 6,65 g. e un diametro di circa 29,90 mm[176].

---

[175] Ferrario G., Aggiunte e rettificazioni all'opera Il costume antico e moderno, p.120.

[176] Toffanin A., La zecca di Milano in "Bollettino di Numismatica", n. 43, p.22.

Il ducato, al rovescio, recava un cimiero coronato in forma di protome, ovvero la testa e una parte del busto, di un drago piumato e cornuto con un uomo tra le fauci. Questo elaborato cimiero sovrasta un piccolo scudo inclinato che riporta raffigurata la biscia viscontea; ai lati sono presenti sempre i tizzoni con le secchie e le iniziali G – 3. La legenda sempre in doppio cerchio perlinato aperta da croce, recita: PP • ANGLE • Q3 • CO •AC • IANVE • DNS • 3C'. Il ducato pesava circa 3,50 g. per un diametro di circa 28,80 mm[177].

Questa moneta, il ducato, riveste un'importanza particolare nella storia del *Coperto* dei Figini; tra i documenti citati vi è l'atto notarile, del 1476, con cui Pietro da Figino s'impegna a versare annualmente 14 fiorini alla Fabbrica del Duomo come forma di finanziamento per il coperto.

Si può ritenere che la parola "fiorino" sia stata qui impiegata in luogo di ducato; Fiorino è il nome della moneta, coniata in Firenze prima in argento e dal 1252 anche in oro; prende il nome sia dalla città di emissione sia dal fiore di giglio simbolo inciso sul rovescio e "tipo parlante" (*Firenze/Florentia*) della moneta stessa.

Molte città imitarono il fiorino, e il nome passò a indicare per estensione anche le monete in oro del peso di 3,50 g. coniate da altre città.

In special modo, a Milano, il Fiorino fu coniato per la prima volta durante la prima Repubblica Ambrosiana (1250-1310), più precisamente, attorno al 1300.[178]

La moneta riprendeva i tipi dell'ambrosino d'argento con l'immagine di sant'Ambrogio e finì così per assumere il nome

---

[177] Toffanin A., La zecca di Milano in "Bollettino di Numismatica", n. 43, p.19.
[178] Travaini L., Monete e storia nell'Italia medievale, p.55.

di ambrosino d'oro; in questo breve periodo i due nomi coesistevano.

In seguito la definizione di fiorino rimase costante fino al ducato di Francesco I Sforza (1450-1466), quarto duca di Milano, quando fu definitivamente sostituita con ducato; per questo motivo. È probabile che nel documento sia prevalso il nome consuetudinario di fiorino in luogo della più ufficiale definizione di ducato.

La monetazione in argento di Galeazzo Maria Sforza era composta di grossoni da 20 e 10 soldi e grossi da 8, 5 e 4 soldi.

Il grossone da 20 soldi o testone, frutto della già citata riforma del 1474, è la prima moneta, dopo la veneziana *lira Tron* (1472), a dare corpo alla lira che, prima della coniazione di queste monete, era solo un'unità di conto. Questa moneta, come anche la *lira Tron*, era caratterizzata da un ampio modulo e dal grande ritratto ducale al dritto che marca il passaggio a un tipo di monetazione artistica pienamente rinascimentale.

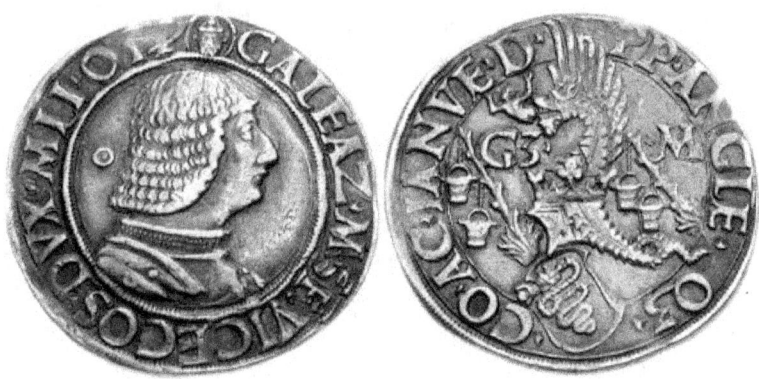

Grossone da 20 soldi

Il grossone da 20 soldi detto testone, aveva il valore di una lira e presentava al dritto il busto corazzato di Galeazzo Maria volto a destra, con dietro una piccola sfera o borchia; la legenda, racchiusa in doppio cerchio perlinato e aperta dalla testina di sant'Ambrogio, recita: GALEA3' M'SF' VICECO ' DVX' MLI ' QIT'.

Al rovescio, invece, presentava la stessa iconografia del ducato: un cimiero coronato in forma di protome di drago piumato e cornuto con un uomo tra le fauci, cimiero che sovrasta un piccolo scudo su cui è raffigurata la biscia viscontea. Ai lati sono presenti sempre i tizzoni con le secchie e le iniziali G 3– M.

La legenda sempre in doppio cerchio perlinato ma non aperta da croce, recita: PP' ANGLE ' Q3" CO ' AC' IANVE 'D'. Questa moneta aveva un diametro di circa 29 mm. e un peso medio di 10 g[179].

Il mezzo testone o grossone da 10 soldi recava al diritto la stessa legenda e raffigurazione del testone, con la sola differenza che la borchia a sinistra della testa scompare.

Al rovescio, invece, era presente lo scudo del ducato di Milano, inquartato, ovvero diviso in quattro parti. Vi compaiono due aquile e due bisce che si alternano nei campi dello scudo, sovrastato da una corona da cui fuoriescono rami di olivo e palma, ai lati dello scudo le iniziali del duca G-M coronate.

La legenda, aperta da una testina di sant'Ambrogio e sempre inscritta in cerchio perlinato, recita: PP' ANGLE ' Q3' CO ' AC' IANVE ' D' 7C'.

---

[179] Toffanin A., La zecca di Milano in "Bollettino di Numismatica", n. 43, p.94.

Questa moneta aveva un diametro di circa 28 mm e un peso di circa 5,10 g[180].

Sempre in argento vi erano poi i grossi da 8, 5, 4 e 3 soldi, forse i più pregevoli dal punto di vista estetico. I grossi da 8 e da 3 soldi dovrebbero essere precedenti alla riforma del 1474 alla quale è ascrivibile solo il grosso da 5 soldi; per il grosso da 4 soldi permangono dispute sull'attribuzione alla riforma e sul valore effettivo. Non è chiaro, infatti, il valore in soldi di quest'ultimo nominale[181].

Il grosso da 8 soldi rappresentava al dritto il busto corazzato del duca volto a destra, e la legenda, in cerchio perlinato e aperta da biscia, recita: GALEAZ • IIA • SFF • VICECOS • DVX • IIELI • V • 3 • C' •.

Il rovescio, invece, riportava una pregevolissima raffigurazione di sant'Ambrogio con mitria e nimbo, a cavallo e con lo staffile nell'atto di sgominare guerrieri. È un chiaro riferimento alla battaglia di Parabiago del 1339.

Il nostro Ambrogio amava citare spesso questo evento, sempre con quella verve che lo distingueva, proprio perché scendeva in campo il santo da cui lui prendeva il nome.

La battaglia di Parabiago si svolse durante la lotta per il ducato di Milano, conteso tra Azzone e Lodrisio Visconti; l'episodio principale, per il quale è ricordato questo scontro, è cosi narrato dallo storico e vescovo Paolo Giovio (1483-1552): "E parve ben che Lodrisio avesse la vittoria: se non che Sant'Ambrogio, peculiare avvocato de' Milanesi, fu veduto da molti in una nuvola a cavallo, il quale diede

---

[180] Toffanin A., La zecca di Milano in "Bollettino di Numismatica", n. 43, p.136.

[181] Toffanin A., La zecca di Milano in "Bollettino di Numismatica", n. 43, p.12.

soccorso all'esercito oggimai sconfitto".[182] Dopo questo evento sant'Ambrogio, sulle monete, fu sempre raffigurato con lo staffile, attributo già suo ma che da tempo non era più riportato.

La legenda al rovescio in doppio cerchio recita: • S • • AM - BROSI' • MELI •. Questo grosso pesava circa 3,45 g. per un diametro di circa 27 mm[183].

Il grosso da 5 soldi riportava al dritto i tre tizzoni con le secchie e la legenda in doppio cerchio perlinato aperta da testina di sant'Ambrogio: G3' M'SF' VICECOS' DVX' MLI ' V'. Al rovescio riportava il biscione visconteo coronato; ai lati vi sono le iniziali del duca G-M coronate e, sempre entro doppio cerchio perlinato, la legenda: PP' ANGLE ' Q3' CO ' AC' IANVE ' D'. Questa moneta pesava circa 2,65 g. per un diametro di 23,80 mm[184].

Esistono poi due tipi di grosso da 4 soldi entrambi riportavano al dritto il busto del duca corazzato rivolto a destra con ai lati le iniziali G3 - • M e in legenda, entro cerchio perlinato e aperta dal biscione: G3 • MA • SF • VICECOMES • DVX • MELI • V -.

Al rovescio del grosso, ascrivibile alla riforma del 1474 era presente un altro forte riferimento alla battaglia di Parabiago. Vi è, infatti, la figura del santo nell'atto di staffilare un guerriero in fuga; sono presenti anche vessilli scudi e spade alla destra del campo, la legenda recita: • S • AMBROSI' •.

---

[182] Giovio P., I dodici Visconti, p.102.

[183] Toffanin A., La zecca di Milano in "Bollettino di Numismatica", n. 43, p.40.

[184] Toffanin A., La zecca di Milano in "Bollettino di Numismatica", n. 43, p.156.

Nell'altra tipologia di grosso, invece, era presente il santo posto seduto frontalmente, con gli attributi tipici, ovvero il nimbo o aureola, la mitria, il pallio e lo staffile, In questa tipologia, oltre alla raffigurazione, cambia anche la legenda, che recita: S • AMBROS' • P • MEDIOLANI.

Questa moneta pesava circa 2,30 g. per un diametro di 24,02 mm[185].

Il grosso da 3 soldi raffigurava, al dritto, una colomba che sormonta un nastro con riportato il motto "A BON DROIT" (a buon diritto, possiede giustamente). La colomba è, a sua volta, sormontata da fiamme e la legenda, in doppio cerchio perlinato, aperta da testina di sant'Ambrogio, recita: G3' M'SF' VICE ' COS' DVX' MLI ' V'. Al rovescio invece è presente un velo annodato sormontato dalla corona ducale da cui fuoriescono i due rami di olivo e palma e legenda in doppio cerchio perlinato, aperta da testina di sant'Ambrogio che riporta: PP' ANGLE ' Q3' CO ' AC' IANVE ' D.

Questo grosso aveva un peso di circa 2,63 g. per un diametro di 22,91 mm. circa[186].

Arriviamo ora ai nominali di valore minore, ovvero il soldino, la trillina e il denaro.

Fu coniato anche un sesino da 6 denari ma, vista l'estrema rarità di questa moneta, essa non è qui riportata; questi nominali erano coniati in mistura che, come già ricordato sopra, era una lega di rame e argento dove quest'ultimo rivestiva la minima parte.

Il soldino riportava al dritto, similarmente al grossone da 10 soldi, lo stemma del Ducato di Milano non coronato; la

---

[185] Toffanin A., La zecca di Milano in "Bollettino di Numismatica", n. 43, p.54.

[186] Toffanin A., La zecca di Milano in "Bollettino di Numismatica", n. 43, p.179.

legenda, aperta dalla consueta testina di sant'Ambrogio e in doppio cerchio perlinato, recita: G3 • M • SF • VICECOS • DVX • MLI • V •.

Al rovescio invece è presente lo stemma bipartito, con biscia coronata e tre aquile in palo della Contea di Pavia e la legenda, in doppio cerchio perlinato aperta dalla testina del santo: PP • ANGLE • Q3 • CO • AC • IANVE • D •.

Questa moneta pesava mediamente 1,14 g. per un diametro di circa 18,50 mm[187].

La trillina, del valore di tre denari, riportava al dritto le iniziali G M coronate e separate da losanga; la legenda, in doppio cerchio perlinato e aperta da croce, recita: G3 • M • DVX • MELI • V •. Al rovescio era presente l'elmo dal cimiero a protome di drago, crestato e cornuto, con la figura umana tra le fauci, in legenda: • AC • IA - NVE • D • 3C'.

Questa moneta pesava circa 0,90 g. per un diametro di circa 16,18 mm[188].

Arriviamo ora al nominale di minor valore ovvero il denaro; questa piccola moneta riportava, al dritto, una fascia coronata racchiudente una stella e la legenda aperta da croce, in cerchio interno liscio e esterno perlinato, recita: G3 • M • DVX • MLI • V •. Al rovescio riportava una croce, che poteva essere cardata o gigliata con legenda, in cerchio simile al dritto e aperta da croce: AC • IANVE • D • 3C'.

Questa moneta pesava circa 0,50 g. per un diametro di 13,40 mm[189].

---

[187] Toffanin A., La zecca di Milano in "Bollettino di Numismatica", n. 43, p.191.

[188] Toffanin A., La zecca di Milano in "Bollettino di Numismatica", n. 43, p.63.

[189] Toffanin A., La zecca di Milano (1466-1476) in "Bollettino di Numismatica" n. 43, p.63.

Sinteticamente passeremo ora a dare un'idea del valore effettivo di queste monete a partire dalla semplice questione: ma cosa si comprava effettivamente con queste monete?

La domanda non è di facile risposta, i prezzi al dettaglio delle varie merci sono spesso trattati dagli storici economici solo per mostrare cambiamenti di lungo periodo, sono rari, infatti, i volumi che trattano del prezzo dei vari articoli in anni precisi.

Possiamo certamente cominciare la nostra analisi dai valori maggiori, il doppio ducato e il ducato d'oro.

Le fonti riportanti le cifre più elevate negli antichi stati italiani sono quelle concernenti il reclutamento e mantenimento di eserciti; negli anni 1472 -1474 Galeazzo Maria Sforza spese circa 800.000 ducati per il suo esercito[190]. Durante le numerose guerre in cui il ducato fu coinvolto, avvenne l'episodio di Imola (1473) caduta in mano Sforzesca che fu ceduta al papa per la somma di 50.000 ducati[191].

Un'altra fonte privilegiata sono i documenti recanti la dote delle figlie del duca e i documenti che si riferiscono alle numerose committenze artistiche.

Per la figlia Bianca Maria Sforza (1472 –1510) Galeazzo Maria stipulò un contratto nuziale, datato 6 gennaio 1474, in cui prometteva in dote la somma di 100.000 ducati all'atto del suo matrimonio, previsto con duca Filiberto di Savoia, matrimonio che non avvenne data la morte del duca, alla

---

[190] Vaglienti F M., voce Galeazzo Maria Sforza, duca di Milano in "Dizionario Biografico degli Italiani" - Volume 51.
[191] Vaglienti F M., voce Galeazzo Maria Sforza, duca di Milano in "Dizionario Biografico degli Italiani" - Volume 51.

giovane età di 16 anni, nel 1482[192]. Si trattava certamente di una spesa straordinaria ma adeguata in un contesto di politica matrimoniale volta a nuove alleanze.

Per una spesa più ordinaria e consueta, ma sempre ad alti livelli, possiamo analizzare come fonte i documenti rimasti della committenza artistica del duca; ne risulta un'assegnazione di 1.000 ducati a Bartolomeo Gadio (1414 – 1484), commissario ai lavori ducali, perché provvedesse a far affrescare la Cappella Ducale del Castello Sforzesco[193].

Abbiamo visto cosa si poteva acquistare con i superbi esemplari in oro di Galeazzo Maria, ma cosa maneggiava il popolo? Quali tipi di monete era più facile reperire nelle tasche della gente comune? Questa domanda ha ancora più difficile risposta, giacché la documentazione per le stime dei prezzi al dettaglio, come già detto, è rara e difficilmente riportata.

Tuttavia possiamo farci un'idea di massima analizzando le merci più trattate e alla base del sistema alimentare dell'epoca.

Una delle merci più frequentemente trattata, ieri come oggi, è certamente il grano.

Questa tipologia di merce si vendeva secondo una unità di misura del volume, il moggio[194], che, a Milano, corrispondeva a 225,1 litri.

---

[192] Rill G., voce Bianca Maria Sforza, regina dei Romani e imperatrice in "Dizionario Biografico degli Italiani" - Volume 10.

[193] Pelosi D., *Il duca e i suoi pittori: la committenza di Galeazzo Maria Sforza per la Cappella Ducale del Castello di Milano,* in "Annuario dell'Archivio di Stato di Milano", p.193.

[194] Da Treccani on line: **mòggio** s. m. [lat. *mŏdius*, prob. der. di *modus* «misura»; cfr. *modio*] (pl. *le mòggia*, meno com. *i mòggi*, ant. *le mògge*). – **1. a.** Antica unità di misura di capacità per aridi, soprattutto per le

La fonte riporta un consumo annuo per abitante di circa due moggia all'anno, poiché i milanesi consumavano anche molta carne. Il prezzo al moggio del grano per l'anno 1476, ultimo anno del ducato di Galeazzo Maria, era stabilito in 4 lire e 7 soldi[195].

Un altro genere alimentare molto richiesto e utilizzato era il vino, che come unità di misura aveva la brenta, da 96 boccali. La brenta corrispondeva, a Milano, a 75,55 litri attuali.

Dai rendiconti dell'Ospedale Maggiore per l'anno 1476 sappiamo che una brenta di vino di media qualità si acquistava per 2 lire e 9 soldi[196].

Ricordiamo che per lira nelle fonti si intende la moneta testone, che valeva, appunto, una lira.

Si può comunque dire che, per gli acquisti più quotidiani e per gli alimenti al dettaglio, si utilizzassero soprattutto soldini, trilline e denari, e possiamo pensare che proprio queste ultime tipologie circolassero maggiormente all'ombra del *Coperto* dei Figini.

---

granaglie, usata in Italia prima della adozione del sistema metrico decimale, con valori diversi nelle varie città.

[195] Ferrario G., *Statistica medica di Milano*, p.227.

[196] Ferrario G., *Statistica medica di Milano*, p.254.

Bibliografia

Cairola A., *Le antiche zecche d'Italia*, Editalia, Roma, 1971.

Chiaravalle M., voce *Milano* in *"Le zecche italiane fino all'Unità"* a cura di L. Travaini, Roma 2011.

Ferrario G., *Aggiunte e rettificazioni all'opera il costume antico e moderno di tutti i popoli*, III, Milano, 1834.

Ferrario G., *Statistica medica di Milano dal secolo XV fino ai nostri giorni*, II, Guglielmini e Redaelli, Milano, 1840.

Giovio P., *I dodici Visconti*, Libreria Meravigli Editrice, Vimercate 2002.

Pelosi D., *Il duca e i suoi pittori: la committenza di Galeazzo Maria Sforza per la Cappella Ducale del Castello di Milano*, in "Annuario dell'Archivio di Stato di Milano", Scalpendi Editore, Milano 2014.

Rill G., voce Bianca *Maria Sforza, regina dei Romani e imperatrice* in "Dizionario Biografico degli Italiani" - Volume 10, Treccani, Roma 1968.

Toffanin A., *La zecca di Milano, Galeazzo Maria Sforza (1466-1476)*, «BdN» n.43. Luglio 2016.

Travaini L., *Monete e storia nell'Italia medievale*, Roma 2007.

Vaglienti F M., voce *Galeazzo Maria Sforza, duca di Milano* in "Dizionario Biografico degli Italiani" - Volume 51, Treccani, Roma 1

I Navigli del milanese tra Medioevo e Rinascimento

Dalle letture sul *'Coperto dei Figini'* emerge l'anima commerciale e mercantile della città di Milano, sua caratteristica peculiare sin dall'età medievale.

Le vie d'acqua, i suoi *navigli*, hanno sicuramente contribuito allo sviluppo commerciale e urbanistico della città; raccontarne brevemente la genesi e la storia è quindi un complemento naturale al lavoro dell'amico Ambrogio.

Bonvesin de la Riva, scrittore e poeta, terziario degli Umiliati, è considerato il più importante scrittore milanese del secolo XIII.

Nel 1290 lo scrittore abitò a Milano in Ripa di Porta Ticinese (da qui il nome Riva) ed esercitò in una scuola la professione di Maestro di Grammatica.

Nel 1288 Frà Bonvesin scrisse in lingua latina un trattato sulle bellezze di Milano, dipingendola come una città meravigliosa e impareggiabile.

Lo scrittore descrive Milano come una città ricchissima di acque, di forma circolare, circondata da un fossato bellissimo, molto largo, alimentato da fonti vive e popolato di pesci e granchi e munita da un forte muro che, con il fossato, la protegge dai nemici esterni.

Frà Bonvesin ci dice inoltre che al di là del muro e del fossato si addensano tantissime abitazioni, che nel contado vi erano fonti di acque limpidissime e che nelle vie d'acqua e nei canali abbondavano i gamberi rossi che si mangiavano in città ogni giorno in gran quantità; possiamo immaginare che venissero venduti nel mercato della *Pescheria minuta* che sorgeva sul suolo di proprietà del capitolo di Santa Tecla, sul suolo immediatamente adiacente alla Chiesa.

Il territorio attorno alla città, che in età alto Medievale era una terra bassa e con acque stagnanti, era stato trasformato nel corso dei secoli, eliminando le paludi, incanalando le acque, utilizzando quelle limpide dei fontanili e dando luogo ad un complesso di avvedute norme consuetudinarie, come ad esempio quella che nessuno potesse opporsi al passaggio di un canale irrigatorio su un fondo.

Alla base di questa fecondità vi era l'ingegnoso sistema d'acque creato dai monaci Cistercensi, che arrivati da Clairvaux nel XII secolo, si fermarono a Chiaravalle e a Morimondo, dove fondarono le loro abbazie.

In un secolo circa il territorio tra Milano, Lodi e Pavia, fu radicalmente trasformato con lo scavo di quello che giungerà a Milano con il nome di Naviglio Grande.

Le cronache riportano che lo scavo del canale ebbe una vittima illustre.

Lo scrittore Cesare Cantù nel 1876, basandosi sulle carte del monastero di Chiaravalle riferisce una vicenda legata allo scavo del canale riguardante il bolognese Beno Gozzadini, podestà di Milano ai tempi dello scavo.

Il Beno doveva essere un uomo di singolare energia e spregiudicato difensore dell'interesse pubblico.

Quando i Milanesi lo vollero podestà, si erano sanate le grosse ferite lasciate dal Barbarossa e intraprese opere pubbliche, ma per lo scavo del Naviglio Grande difettavano i mezzi.

Già il Comune da otto anni portava il peso di grosse imposte fondiarie presentate sotto forma di prestiti forzosi, alle quali tuttavia il clero, eludendo le leggi cittadine, riusciva a sottrarsi.

Beno volle che anche i beni ecclesiastici si caricassero di un'equa parte di oneri, che erano destinati a terminare i lavori del canale.

Beno agì con autorità e con la necessaria prudenza: convocò i maggiorenti, i Mille, nel gran salone di Odraldo di Tresseno, e avutone l'autorizzazione, scelse fra questi i ventiquattro saggi, che dovevano determinare le modalità della difficile esazione, che il clero avaramente ricusava e osteggiava con ogni mezzo.

Il podestà fu accusato di concussione e condannato ad una ammenda di diecimila lire: somma allora enorme che egli non aveva la possibilità di pagare.

Contemporaneamente il popolo, che avrebbe avuto tutto da guadagnare dai provvedimenti del Gozzadini, fu aizzato da cattivi consiglieri e si elevò a tumulto.

La canaglia inferocita si impadronì del disgraziato, lo trascinò nella strada, ne fece strazio, ne gettò la povera salma nel Naviglio.

Il delitto sollevò l'indignazione dei bolognesi, che esercitarono rappresaglie sul Comune di Milano, finché, nel 1293, i due figli superstiti di Beno, furono reintegrati nelle loro fortune.

Soltanto nel 1800 Milano rese giustizia allo sfortunato podestà, dedicandogli una contrada, in realtà un po' vecchia e malandata, poco più di un vicolo[197].

Nel 1177 derivando dal Ticino il Ticinello, si permise alle acque del fiume di scorrere verso la pianura e raggiungere Gaggiano e Trezzano.

Il canale Ticinello fu scavato nel 1157 con scopi militari, segnava infatti il confine tra i territori di Milano e Pavia, che allora erano città nemiche: Pavia era schierata con l'Imperatore Federico Barbarossa che si apprestava ad attaccare Milano con i suoi alleati pavesi.

---

[197] A. SALVI, F.FAVA, I Navigli del Milanese, Meraviglia-Libreria Milanese, Buccinasco 1982, pp. 46-47

Nei secoli XII e XIII i canali erano fondamentali nella strategia militare difensiva.

Nel 1256 il canale Ticinello, per iniziativa del Podestà Martino della Torre, fu prolungato fino a Milano, inoltre fu reso navigabile, anche se pare che la navigazione non entrasse ancora a Milano o nei fossati che circondavano le mura della città.

Fu solo Napo della Torre che durante la sua Signoria diede impulso ai lavori di manutenzione del Ticinello e di un altro canale milanese, la Vettabia, concludendo così il progetto dei navigli navigabili nella zona sud di Milano, progetto fondamentale sia per i commerci che per le fabbriche edili milanesi.

La costruzione del Duomo di Milano fu l'occasione per incrementare la navigazione sulle nuove vie d'acqua.

Nel 1398 Gian Galeazzo Visconti concede agli agenti della Veneranda Fabbrica del Duomo di trasportare a Milano i materiali necessari per la costruzione, senza pagare alcun pedaggio: i barconi che portavano a Milano i marmi utilizzati nella costruzione della Basilica erano contraddistinti dalle lettere A. U. F. (*Ad Usum Fabricae*), ad indicare anche visivamente che erano esentati dal pagamento dei dazi; la sigla poi, nell'idioma ottocentesco di Carlo Porta divenne "A Uf", cioè a gratis.

Il Naviglio Grande terminava al laghetto presso la chiesa di Sant' Eustorgio, detto appunto laghetto di Sant' Eustorgio, oggi Darsena di Porta Ticinese.

Per permettere alle barche di arrivare al fossato che circondava le mura della città fino al laghetto di Santo Stefano, formato dal ristagno delle acque del fiume Seveso, situato nei pressi nei pressi dell'ospedale Maggiore, in prossimità del Duomo, era necessario superare un dislivello tra il Seveso e il Naviglio Grande.

Si rese quindi necessaria la costruzione di una Conca, anche detta chiusa, chiamata la Conca di Viarenna, o di Nostra Signora del Duomo.

Una Conca è un sistema di vasche comunicanti, che opportunamente riempite e svuotate, consente alle barche di superare un dislivello tra canali o corsi d'acqua.

In questo modo la navigazione sul naviglio raggiunse la Fossa della città, resa in seguito tutta navigabile e anch'essa munita di Conche.

La Conca di Viarenna, è **una delle cinque chiuse** che servivano a superare il dislivello esistente fra la Darsena e il Naviglio Martesana, di cui parleremo in seguito, lungo quella che era chiamata la Fossa Interna.

Nel 1359 si iniziò la costruzione del Navigliaccio, o Naviglio di Pavia, e nella seconda metà del 1400 Gian Galeazzo Sforza ne volle il prolungamento per irrigare il suo parco di caccia.

Ai tempi di Filippo Maria Visconti (1392-1447) il naviglio Grande era in comunicazione solo con le acque del Ticino, ma proprio a lui risaliva il progetto (*Ordo rugie extrahendi ex flumine Abdua, 1447*), di un canale derivato dal fiume Adda destinato all'irrigazione e all'azionamento di diverse ruote di mulino.

L'idea, ripresa e fatta propria da Francesco Sforza nel 1457, fu portata a termine in un tempo eccezionalmente breve sotto la direzione di Bertola da Novate.

L'opera, per la cui realizzazione si erano dovuti affrontare delicati problemi tecnici dipendenti dalla natura del fiume e dalla conformazione delle rive, assunse la sua definitiva configurazione nel 1497, quando il nuovo canale fu collegato al fossato della città tramite una conca a porta doppia angolare, progettata, si dice, da Leonardo [198].

Il nuovo canale, chiamato della Martesana, detto anche Naviglio Piccolo, da Trezzo scorre parallelamente al fiume Adda fino a Cassano, attraversa il torrente Molgora e il fiume Lambro e arriva a Milano, collegandosi alla antica fossa di fortificazioni.

Leonardo migliorò successivamente il collegamento con l'Adda e il Ticino, perfezionando l'antica Conca di San Marco. Con questa Conca il Martesana arrivava con le sue acque al celebre laghetto del *Tumbun de San Marc*.

Alla fine del 1500 la navigazione era possibile sul Naviglio Grande, sul naviglio di Bereguardo e sul Martesana.

Con un barcheggio era infatti possibile da Milano raggiungere Pavia passando per Bereguardo e tra i laghi di Milano, si poteva raggiungere Venezia tramite il fiume Po, compatibilmente con le condizioni della corrente.

Sul Ticino e sul Naviglio Grande non si aveva una vera navigazione, ma un barcheggio importante dal punto di vista commerciale.

Il flusso di barche era intenso per l'epoca, vi erano anche barche-corriere per il trasporto di persone, che avevano norme stabilite da un regolamento che fissava gli orari per i viaggi, i luoghi di destinazione e i tempi di sosta.

Le stazioni del Naviglio Grande erano Turbigo, Boffalora, Abbiategrasso.

Nel corso dei successivi due secoli questo trasporto divenne un vero e proprio servizio pubblico e le barche-corriere assunsero decisamente un carattere popolare.

---

[198] AA.VV, *Le vie d'acqua: rogge, e canali*, Edizioni Electa, Edmondo spa presso lo stabilimento Mondadori Printing spa, Martellago (Venezia) 2000, p. 15

Pare che già nella seconda metà del 1400 navigassero sui navigli milanesi anche navi da guerra o barche che trasportavano materiali bellici.

La rete dei navigli faceva di Milano un importante porto interno; 140 km di canali collegavano la città con il Ticino e con l'Adda.

La caratteristica più importante dei navigli milanesi era quella di essere ad un tempo canali di navigazione interna e canali di irrigazione.

"Philippe de Commynes, arrivato in Italia al seguito del re di Francia Carlo VIII nel 1494 rievocava nei suoi *Memoires* la violenta impressione avuta nell'attraversare le terre del Ducato di Milano e così scriveva: "scendendo dalla montagna si vede il piano di Lombardia, che è uno dei paesi più belli e più ricchi del mondo e dei più abitati".

Ma quale era il segreto della prosperità di un paese tra i più belli e abitati, se non del mondo dell'Europa del tempo? Il nobile francese non avrebbe avuto dubbi ad indicare nelle campagne le scaturigini di quella sorprendente ricchezza, anche a costo di sottovalutare la "magnificenza delle sue città".

Subito dopo, infatti, ed è significativo in un testo che non lascia molto spazio a considerazioni di ordine economico o a notazioni di viaggio, riandando con la memoria ad un paesaggio a lui familiare, osservava che il paese è pieno di canali come le Fiandre e sottolineava come, grazie all'acqua, in Lombardia, le terre non fossero mai a riposo"[199]" Quanto riportato dal nobile francese non fa che confermare quanto si legge nel De magnalibus Mediolani del già citato Bovesin de la Riva, e cioè che sul finire del secolo XIII nelle campagne

---

[199] Ivi, p. 11

attorno a Milano l'irrigazione era piuttosto diffusa: *"Prata quidam fertilibus fluviis et fontium revolis infinis sunt acquata, bobus, equis, iumentis, ovibus et peccudibus optimum fenum in infinita quasi copia ministrantia"*.

In queste parole si intuisce nel cronista un misto di orgoglio e meraviglia per lo spettacolo offerto da quelle fertili campagne, sentimenti sottolineati dall'uso reiterato "infinito" sia al numero delle rogge e dei fontanili, sia alla quantità di fieno prodotto dai prati così abbondantemente irrigati " [200]. Grazie ai suoi navigli Milano, oltre ad irrigare le campagne circostanti, poteva ricevere materiali e derrate dal contado e dalla fascia prealpina, tanto dalla parte del Verbano che del Lario; inoltre, tramite Martesana e Adda la città era posta in collegamento diretto con la grande via fluviale del Po.

Conciliare i divergenti interessi della città, per la quale era prioritario il funzionamento delle ruote dei mulini e l'approvvigionamento del mercato urbano, e della campagna, a cui invece l'acqua serviva per irrigare le colture, si rivelò fonte di continue tensioni.

Irrigazione, navigazione, attività dei mulini rimandavano rispettivamente ad agricoltura, commercio e industria.

Non ci si può stupire quindi che il controllo dell'acqua rivestisse un'importanza cruciale e che alimentasse una microconflittualità endemica, anche perché la coesistenza tra queste diverse sfere di interessi non era per nulla scontata o automatica, così come non lo era la definizione di un accettabile equilibrio tra le disponibilità idriche, i prelievi e gli altri molteplici usi a cui erano destinate le acque.

---

[200] Ibidem.

Al di là di una certa soglia di utilizzo si imponeva una mediazione istituzionale che regolasse e contemperasse i singoli diritti scongiurando l'esplosione di conflitti che avrebbero potuto compromettere la funzionalità del sistema.

"Per quanto riguarda i navigli, considerata l'importanza degli interessi in gioco, ogniqualvolta se ne presentò la possibilità si cercò di rimediare alle strozzature più gravi accrescendo la portata dell'alveo. Nel 1557, ad esempio, il presidente del Magistrato a cui incombeva la gestione dei canali camerali, decise di dare corso ad un impegnativo progetto per aumentare la portata della Martesana. I lavori appaltati ad una impresa a cui partecipava lo stesso segretario del Magistrato, G.B. Settala, vennero finanziati con la vendita anticipata di una parte dell'acqua che si sarebbe resa disponibile a lavori ultimati.

A dare una idea del valore dell'acqua, basti dire che per la cessione di poco più di un quinto dell'acqua che ci si riprometteva di immettere nel canale, la Camera incassò 68.877 lire, sufficienti a pagare interamente l'opera, e a rifornire le sempre esauste casse dell'erario"[201].

In età comunale la politica del territorio e le scelte progettuali avevano privilegiato le finalità energetiche e commerciali delle vie d'acqua; in seguito, a partire dalla seconda metà del 1400, sarà la ricerca di nuove terre e di più elevati rendimenti produttivi a mettere comunità, consorzi, singoli proprietari, sulla via della bonifica e della "conquista" dell'acqua.

La Martesana abbina ancora, come vuole la tradizione dei grandi canali del Milanese, finalità irrigue e commerciali, ma

---

[201] Ivi, p 16

dopo di allora saranno prevalenti le realizzazioni a esclusivo servizio dell'agricoltura.

Per citare solo alcune delle opere più significative si ha il canale Muzza, scavato dal comune di Lodi tra il 1220 e il 1230, a valle di Paullo fino a Castiglione d'Adda, allargando un antico fossato irriguo risalente ad epoca romana; il canale, verso la metà del Cinquecento, fu sottratto ai lodigiani dal governatore spagnolo Ferrante Gonzaga e assoggettato al demanio milanese; il naviglio di Bereguardo (navigabile, ma poco significativo sotto questo profilo) che si stacca dal naviglio Grande all'altezza di Castelletto e punta in direzione del Ticino, senza però congiungersi al fiume; lo scavo della roggia Sforzesca, nel 1482 nel Vigevanese e l'apertura del naviglio Pallavicino nel 1521, in territorio cremonese[202].

Intorno alla metà del Cinquecento il cosiddetto 'catasto di Carlo V' (la prima grande rilevazione censuaria estesa a tutto lo Stato di Milano), registrava come *'adacquatario'* quasi un quarto del territorio pavese, il 34% di quello della bassa milanese, addirittura il 75% del Lodigiano.

L'irriguo portava colture nuove come il riso; soprattutto consentiva la diffusione del trifoglio e di altre foraggere, favorendo uno straordinario aumento del prato, che significava da un lato la possibilità di mantenere sul fondo bestiame bovino in grande quantità (per il latte, formaggi e gli ingrassi), dall'altro, avvicendandosi con i cereali, consentiva la reintegrazione della fertilità del terreno.

La 'rotazione delle colture' evitava il ricorso al maggese, assicurando varietà di prodotti e alte rese; permetteva insomma, attraverso l'integrazione fra agricoltura e

---

[202] Ivi, p 18.

allevamento, di uscire dal circolo vizioso della pratica agricola medievale caratterizzata da ripetute coltivazioni a grano senza adeguate concimazioni e quindi progressivo impoverimento del terreno.

Le acque rappresentavano l'elemento caratterizzante non solo del contado ma anche del paesaggio urbano della Milano medievale.

Acque che erano distribuite e regolate in una fitta rete di canali e che erano indispensabili per molte lavorazioni artigianali, ma soprattutto che fornivano l'energia idraulica necessaria per il funzionamento dei numerosissimi mulini ubicati sia nelle aree suburbane, sia nel centro stesso della città.

Le acque di Milano erano utilizzate non soltanto per muovere le macine da grano, ma anche per azionare le macchine per la follatura dei tessuti, per il taglio dei legnami, per la preparazione della carta, per la lavorazione dei metalli. Milano era infatti un centro di produzioni manifatturiere di grande importanza, non solo per l'eccezionale qualità delle materie prime utilizzate, per la raffinata tecnica dei suoi maestri artigiani, per la vastità del mercato sul quale venivano collocate le sue produzioni; ma soprattutto per l'eccezionale assortimento dei suoi prodotti, che copriva i più svariati ed eterogenei settori merceologici.

Uno dei settori di punta nelle produzioni cittadine era quello delle armi.

Milano aveva raggiunto una posizione di grande prestigio nella fabbricazione di armi e armature, la produzione manifatturiera per eccellenza della regione.

La produzione metallurgica milanese comprendeva anche tutta una serie di minuterie, di strumenti, di utensili e di accessori per ogni tipo di attività, che costituivano una delle voci più importanti della sua bilancia commerciale negli ultimi secoli del Medioevo.

Anche le produzioni tessili rappresentavano per Milano e per numerose città lombarde un settore di primaria importanza: le lavorazioni della lana, del cotone e della seta segnarono in momenti diversi il grande impegno e la grande cura dedicata al settore.

Il comparto cotoniero, di antica e consolidata tradizione, rappresentò un solido punto di riferimento per la manifattura milanese.

Il lino, la cui coltivazione era molto diffusa nella campagna lombarda, era impiegato per la produzione di tele di lino e fustagni, tessuti misti confezionati con l'ordito in lino e la trama in cotone; i fustagni milanesi erano una produzione di grande pregio che conobbe una vasta diffusione già dagli inizi del XII.

Le manifatture milanesi erano molto conosciute e apprezzate anche per le produzioni nel settore del cuoio e delle pelli, in quelli della carta e della pergamena oltre che per le produzioni e lavorazioni del legno e del vetro.

La darsena di porta Ticinese era e rimane il luogo di riunione dei navigli milanesi.

In questo bacino si immette ed ha termine il naviglio Grande sotto il ponte Scudellino e per mezzo della già citata conca di Viarenna vi si caricavano le poche acque della fossa interna, necessarie per il funzionamento.

Vi terminava anche il naviglio Martesana col naviglio interno e inizia sotto il ponte del Trofeo, il naviglio di Pavia.

Le banchine della darsena erano accessibili ai carri e lasciavano poca disponibilità di spazio al deposito dei materiali, perché sprovviste di mezzi meccanici di sollevamento e di scarico[203].

Il collegamento con il Ticino fu realizzato solo all'inizio del 1800 a causa delle difficoltà di superare il dislivello verso il Ticino, problema risolto con la costruzione di numerose chiuse.

Le Conche sul Navigliaccio furono inaugurate nel 1820, quando iniziò il servizio di linea con il primo piroscafo a pale sul percorso Milano-Pavia-Cremona-Mantova-Venezia.

La chiusa lignea dei Navigli di Milano, conservata presso il Museo Nazionale della Scienza e della Tecnologia "Leonardo da Vinci" di Milano, è una delle eccellenze del patrimonio culturale lombardo – rinascimentale. Costituisce una delle testimonianze più nitide dell'efficacia della tecnica idraulica del XV secolo, in grado di asservire alla propria funzione di snodo cruciale delle idrovie milanesi per quasi cinque secoli, mantenendo quasi del tutto inalterati i criteri progettuali tardo quattrocenteschi.

Dell'antico sistema dei Navigli restano oggi visibili solo tre: il Naviglio Grande e quello Pavese, collegati dalla Darsena, e il Naviglio Martesana nel nord-est della città.

Tutti gli altri Navigli vennero infatti progressivamente coperti a partire dall'Ottocento fino al colpo di grazia negli anni Trenta con la copertura totale della cerchia interna.

Negli ultimi venti anni i Navigli Grande e Pavese sono diventati il cuore del divertimento notturno milanese[204], mentre il Naviglio Martesana è stato valorizzato da una pista ciclabile che lo segue dal centro di Milano fino all'Adda.

---

[203] A. SALVI, F.FAVA, I Navigli del Milanese, Meravigli-Libreria Milanese, Buccinasco 1982, pp. 46-47

[204] Oggi note anche come zone della cosiddetta "movida"

È stata avviata una prima linea di navigazione turistica e sono riapparsi progetti di riaperture, seppure parziali, della rete originaria, che fanno sperare nella riscoperta di un patrimonio unico della città di Milano.

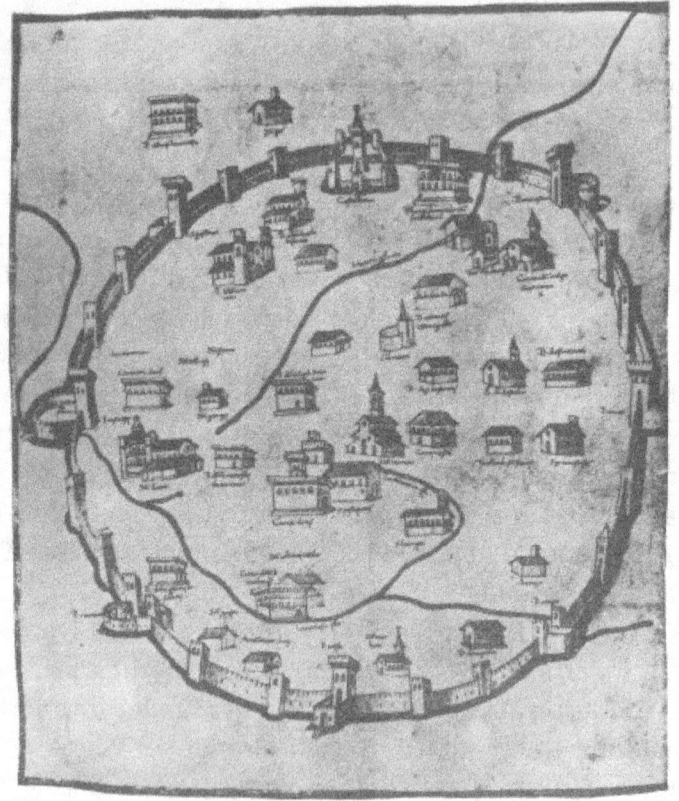

Pianta di Milano medioevale, nel Codice Vaticano urbinate 277, f. 129 v.

Illustrazioni di copertina

Copertina: all'interno di un'arcata del *Coperto dei Figini*, è raffigurata una mappa dell'antica Milano con evidenziata, in rosso, la forma e posizione del Coperto stesso.

Nella parte superiore dell'arco, è presente lo stemma dei Visconti, il biscione, che rappresenta la dinastia al potere durante la costruzione del Coperto.

Disegno ideato e realizzato da Francesco Gorelli.

Controcopertina: Piazza del Duomo e il *Coperto dei Figini*. Dipinto di Angelo Inganni

www.ingramcontent.com/pod-product-compliance
Lightning Source LLC
Chambersburg PA
CBHW070339220526
45467CB00001B/171